F.A.Z.-Börsenlexikon

F.A.Z.-Börsenlexikon

Herausgegeben von Martin Hock

Frankfurter
Allgemeine
Buch

Bibliografische Information der Deutschen Nationalbibliothek
Die Deutsche Nationalbibliothek verzeichnet diese Publikation in der Deutschen Nationalbibliografie; detaillierte bibliografische Daten sind im Internet über http://dnb.d-nb.de abrufbar.

Frankfurter
Allgemeine
Buch

Frankfurter Allgemeine Buch
Pariser Straße 1
60486 Frankfurt am Main

Umschlag: Nina Hegemann
Satz: Nina Hegemann
Druck: CPI books GmbH, Leck
Printed in Germany

1. Auflage
Frankfurt am Main 2024
ISBN 978-3-96251-169-2

Frankfurter Allgemeine Buch hat sich zu einer nachhaltigen Buchproduktion verpflichtet und erwirbt gemeinsam mit den Lieferanten Emissionsminderungszertifikate zur Kompensation des CO_2-Ausstoßes.

Vorwort

Geldanlage ist ein Thema, bei dem viele Menschen Berührungsängste verspüren. Das liegt vor allem daran, dass es erforderlich ist, das eigene, hart erarbeitete Geld einem unbekannten Dritten zu überlassen und auf eine Vermehrung zu hoffen. Dies bedeutet einen Kontrollverlust, der obendrein dadurch noch verschärft wird, dass der unbekannte Dritte von dem Thema vermutlich mehr versteht als man selbst.

Dass die meisten Menschen den Zugang zur Geldanlage als schwierig empfinden, ist ihnen nicht vorzuwerfen. Wer sich intensiver mit der Börse beschäftigt, braucht nicht nur ein gewisses volks- und betriebswirtschaftliches Grundverständnis, sondern auch mathematische und statistische Kenntnisse, die bisweilen über triviales Rechnen hinausgehen.

Die Branche sorgt selbst mit ihren für die meisten Menschen alltagsfremden und oft kryptisch anmutenden Begrifflichkeiten für ein esoterisches Image: Sie erweckt den Anschein, dass es sich um geheimes oder verborgenes Wissen handelt, das nur Eingeweihten zugänglich ist oder nur von einem Expertenzirkel verstanden werden kann. So mancher Vermögensberater versteht sich trefflich darauf, solange mit Begriffen um sich zu werfen, bis Kunden ehrfurchtsvoll oder völlig verwirrt schweigen.

An der Komplexität des Themas kann ein Börsenlexikon wenig ändern. Was es aber kann und was auch die Intention des F.A.Z.-Börsenlexikons ist, ist über den oft als Kauderwelsch anmutenden Branchenjargon hinwegzuhelfen. Es kann Begriffen wie Alpha, Contango oder Put den vermeintlichen Zauber entziehen und zeigen, dass hinter der einschüchternden Fassade wie im „Zauberer von Oz“ doch ein recht einfacher Zusammenhang steckt.

Das F.A.Z.-Börsenlexikon setzt dabei bewusst einfach an. Daher finden sich in diesem auch Begriffe, von denen der etwas kenntnisreichere Nutzer meinen mag, dass diese keiner Erläuterung bedürften. Aber zu den Aufgaben von Journalisten gehört der Brückenschlag vom Publikum zur Fachwelt und dabei auch, die mit den meisten Fragen mitzunehmen. Es ist aber auch schon immer Anspruch der F.A.Z. gewesen, etwas tiefer in die Geheimnisse der Finanzbranche einzudringen, und so findet sich in diesem Buch auch einiges mehr an Grundbegriffen zu den Themen Zinsen, Aktien, Anleihen, Investmentfonds und Optionsscheinen.

Das F.A.Z.-Börsenlexikon geht angesichts der rasanten Entwicklung der Finanzbranche über die titelgebenden Inhalte hinaus. Die Zeiten, in denen sich Geldanlage einerseits auf Sparbuch und Bundesschatzbriefe und andererseits auf Aktien und Anleihen beschränken ließ, sind lange vorbei. Die heutige Welt der Geld- und Vermögensanlage ist vielfältiger und komplexer geworden. Im Auge hat dieses Buch vornehmlich den an Geld und Börse interessierten privaten Anleger und soll kein Fachlexikon für die Finanzbranche sein. Deswegen ist sein Anspruch auch mehr der eines kleinen, schlanken Nachschlagewerks als der eines enzyklopädischen Lexikons.

Nicht nur die Börse hat sich verändert, auch der Buchdruck. Print-on-Demand oder „Drucken auf Nachfrage“ heißt die Zukunft. Dank dieses Verfahrens ist es vergleichsweise einfach, auf eine sich ändernde Börsenwelt zu reagieren, neue Begriffe einzufügen und überholte Begriffe auszusortieren, fast so wie es im Internet möglich ist, aus dem dieses Buch ursprünglich stammt.

Es ist mehr als 20 Jahre her, dass die erste Version dieses Börsenlexikons auf faz.net veröffentlicht wurde. Seitdem gab es mehrere Überarbeitungen, die größte erfolgte nun für dieses Buch. Denn wer will 2023 noch wissen, was einst die EASDAQ war?

Als Herausgeber bleibt mir am Ende nur noch, all denen zu danken, die einen Beitrag zur Entstehung dieses Buches geleistet haben. Die laufende Arbeit an diesem Lexikon hat es mit sich gebracht, dass so manche Einzelleistung vom Dunkel der Jahre verschluckt wurde. Daher ist es nicht möglich, all die namentlich aufzuzählen, die dazu einen Beitrag geleistet haben. So sei hier dann stellvertretend allen früheren und aktuellen Mitarbeitern des Finanzenressorts der F.A.Z. genauso gedankt wie denen des früheren Ressorts „Investor“ auf faz.net – nicht zuletzt aber der heutigen Ressortleiterin Inken Schönauer und ihrem Vorgänger und heutigen F.A.Z.-Herausgeber Gerald Braunberger, die die Arbeit an diesem Börsenlexikon immer unterstützt haben. Ein weiterer besonderer Dank geht an Jens Seeling und Christin Bergmann von Frankfurter Allgemeine Buch.

Ich hoffe, dass dieses Buch möglichst vielen Menschen von Nutzen sein kann.

Frankfurt 3. November 2023
Martin Hock

Abfindung

Übernimmt eine Aktiengesellschaft einen großen Teil an einer zweiten Gesellschaft, so ist der Käufer verpflichtet, den freien → *Aktionären* eine Abfindung anzubieten. Dies kann in Form eines Aktientauschs geschehen, d. h., dass die Aktionäre des übernommenen Unternehmens → *Aktien* der kaufenden Gesellschaft erhalten. Eine andere Möglichkeit ist die Zahlung einer Barabfindung. Das Wertpapiererwerbs- und Übernahmegesetz (WpÜG) unterscheidet mehrere Fälle: Strebt der Bieter an, mehr als 30 Prozent der → *Stimmrechte* an der Zielgesellschaft zu übernehmen, ist er verpflichtet, ein → *Übernahmeangebot* abzugeben und den Aktionären dabei eine angemessene Gegenleistung anzubieten. Erlangt ein Käufer auf andere Weise als durch ein freiwilliges Übernahmeangebot die Kontrolle über eine Zielgesellschaft, so muss er allen Aktionären der Zielgesellschaft ebenfalls ein Angebot zur Übernahme ihrer Aktien unterbreiten („Pflichtangebot"). Will der Bieter Aktien einer Zielgesellschaft erwerben, ohne die Kontrolle zu erlangen, oder hat er schon mindestens 30 Prozent der Stimmrechte in der Hand, so ist er beim Angebot weitgehend frei. Erfolgt das Angebot mit dem Ziel, die Gesellschaft von der Börse zu nehmen, so muss der Bieter eine angemessene Geldleistung bieten.

Abgeld

Bei der Ausgabe neuer → *Wertpapiere* ein sich ergebender Abschlag, meist in Prozent, um den der Ausgabekurs unter dem → *Nennwert* liegt (→ *Disagio*). Das Gegenteil ist das → *Aufgeld* oder → *Agio*. Beim Handel mit → *Optionsscheinen* ist es der zumeist in Prozent angegebene Betrag, um den der Bezug der → *Aktie* über den gekauften Optionsschein billiger ist als der direkte Kauf dieser Aktie. Das Gegenteil ist das Aufgeld oder die → *Prämie*.

Abgeltungsteuer

Die Abgeltungsteuer ersetzte im Jahr 2009 die zuvor geltende → *Spekulationssteuer*. Kapitalerträge sind einem pauschalen Steuersatz von 25 Prozent zzgl. Solidaritätszuschlag und ggf. Kirchensteuer unterworfen. Zuvor war in verschiedenen Varianten der persönliche Einkommensteuersatz maßgebend. Kapitaleinkünfte sind grundsätzlich steuerpflichtig, soweit diese insgesamt den → *Sparerfreibetrag* übersteigen.

Abschreibungen

Abschreibungen werden auch als „AfA" bezeichnet (Absetzung für Abnutzung). Sie beziffern den kalkulatorischen oder tatsächlichen Wertverlust eines dauerhaften Wirtschaftsgutes. Planmäßige Abschreibungen werden etwa bei Ausrüstungsgütern wie Maschinen vorgenommen. Außerplanmäßige Abschreibungen finden vor allem bei Beteiligungen, immateriellen Werten wie Marken- oder Firmennamen Anwendung. Abschreibungen mindern den Unternehmensgewinn.

Absicherung

→ *Aktien* und Rentenpapiere können mit Hilfe von verschiedenen Finanzinstrumenten (→ *Futures*, → *Optionen* oder → *Swaps*) gegenüber Wertschwankungen abgesichert werden (siehe auch → *Hedging*).

Abwertung

Verringerung des Außenwerts einer Währung im Verhältnis zu einer anderen Währung. Nach einer Abwertung sind für eine Einheit einer fremden Währung mehr Einheiten der heimischen Währung zu zahlen. Im Allgemeinen kommt eine Abwertung der Exportwirtschaft des entsprechenden Landes zugute, da Ausfuhrgüter für die Devisenausländer billiger werden. Die Importwirtschaft dagegen muss für eingeführte Waren mehr bezahlen, was zu mehr → *Inflation* im Inland beitragen kann. Gegenteil: → *Aufwertung*

Ad-hoc-Meldung

Potenziell kursbeeinflussende Unternehmensmeldungen müssen von Aktiengesellschaften, deren Papiere in stärker regulierten Börsensegmenten gehandelt werden, gemäß Wertpapierhandelsgesetz (WphG) veröffentlicht werden. Diese als Ad-hoc-Meldungen bezeichneten Veröffentlichungen sollen eine gleichmäßige Informationsversorgung aller Marktteilnehmer gewährleisten. Sie sind im Vorhinein der Bundesanstalt für Finanzdienstleistungsaufsicht (→ *BaFin*) und den Börsen bekannt zu geben.

ADR (American Depository Receipts)

ADRs (American Depository Receipts) werden an einer → *Börse* stellvertretend für eine → *Aktie* gehandelt. Es handelt sich um → *Zertifikate*, die von amerikanischen Kreditinstituten ausgestellt werden, die die zugrunde liegenden Aktien in Verwahrung genommen haben. Ein ADR kann sich auf eine, mehrere oder auch nur auf einen Bruchteil einer Aktie beziehen. ADRs werden häufig stellvertretend für ausländische Aktien gehandelt, die an der inländischen Börse nicht notiert sind. Die Aktiengesellschaft muss sich auf diese Weise nicht dem vollständigen Zulassungsverfahren unterziehen, das ansonsten für eine Börsennotierung notwendig wäre.

Advance-Decline

Advance-Decline-Linien oder Balken ergeben sich aus der Differenz der Anzahl von → *Aktien*, deren → *Kurse* gestiegen sind, zu Aktien, deren Kurse gefallen sind. Sie geben keine Auskunft über den Wert der Kursveränderung, sondern zeigen nur die Zahl der gestiegenen, unveränderten und gefallenen Aktien in Prozent an. Sie werden verwendet, um die Situation des Gesamtmarktes quantitativ zu erfassen und zu beurteilen. Sie sollte hauptsächlich in Verbindung mit einem → *Aktienindex* genutzt werden und dient zur Bestätigung der → *Trends*.

Agio

→ *Aufgeld/Aufschlag* bei → *Wertpapieren*. Betrag, um den der → *Ausgabepreis* bei der Neuausgabe von Wertpapieren deren Nennbetrag überschreitet bzw. der Betrag, um den der Börsenkurs den inneren Wert der Anlage übersteigt. Auch das → *Aufgeld (Ausgabeaufschlag)*, das beim Kauf vieler → *Fonds* vom Anleger zu zahlen ist, wird als Agio bezeichnet. Gegenteil: → *Disagio*

AIF

→ *Alternativer Investmentfonds*

AIFM

Die 2009 im Gefolge der → *Finanzkrise* veröffentlichte EU-Richtlinie AIFM (Alternative Investment Fund Managers) ist die Basis der Regulierung von Verwaltern → *Alternativer Investmentfonds* und wurde 2013 in das → *KAGB* übernommen. Sie regelt Transparenzanforderungen wie die Pflicht, spätestens sechs Monate nach Ende des Geschäftsjahrs einen Jahresbericht vorzulegen sowie dessen Inhalte. Zudem regelt die Richtlinie Zulassungsvoraussetzungen (Anfangskapital, Eigenmittel, Qualifikation der Manager) u. a. m.

Aktie

Das Eigentum an einer Aktiengesellschaft ist in Bruchteile unterteilt, die durch Aktien verbrieft sind. Früher wurden Aktien mit einem → *Nennwert* ausgegeben, der den nominalen Anteil am → *Grundkapital* der Gesellschaft angab. Heute haben Aktien i. d. R. keinen Nennwert mehr (Stückaktien). Der Anteil am Grundkapital wird bei ihnen in Prozent angegeben. → *Aktionäre* haften in Höhe des Nennwerts der Aktien und werden durch die Zahlung von → *Dividenden* am unternehmerischen Erfolg (→ *Gewinn*) der Aktiengesellschaft beteiligt. Im Rahmen der ordentlichen → *Hauptversammlung* hat ein Aktionär die Möglichkeit, über die Gewinnverwendung etc. zu entscheiden. Während → *Stammaktien* („Stämme“) dem Besitzer ein → *Stimmrecht* pro Aktie zusichern, ist dies bei → *Vorzugsaktien* („Vorzüge“) i. d. R. nicht der Fall. Dafür wird eine etwas höhere Dividende als für Stammaktien gezahlt.

Aktienanalyse

Aktienanalyse kann prinzipiell auf zwei Arten erfolgen. Im Rahmen der → *Fundamentalanalyse* wird eine Aktiengesellschaft aufgrund von Kennzahlen bewertet. Wichtigste Größen sind hierbei die Profitabilität (→ *Erträge*), die Finanzkraft (→ *Cashflow*, Zinsaufwendungen u. a. m.), KGV (→ *Kurs-Gewinn-Verhältnis*), Wachstumschancen und konjunkturelle sowie fiskalpolitische Rahmenbedingungen. Auf Basis dieser Informationen wird die Geschäftstätigkeit und deren Rentabilität analysiert und prognostiziert. Daraus soll dann folgend das Kurspotenzial abgeleitet werden. Die technische Analyse orientiert sich an der grafischen Darstellung der historischen Kursverläufe und leitet aufgrund von Indikatoren und charttypischen Formationen Aussagen über mögliche Kursentwicklungen ab.

Aktienanleihe

Aktienanleihen gehören zur Gattung der → *Zertifikate*. Der → *Emittent* kann dabei die → *Anleihe* statt zum Nominalbetrag durch → *Lieferung* einer im Vorhinein festgelegten Stückzahl einer bestimmten → *Aktie* tilgen. Diese Möglichkeit nutzt der Emittent vorzugsweise, wenn der Wert des Aktienpakets geringer ist als der → *Nominalwert* der zu tilgenden Anleihe. Die Übernahme dieser Stillhalterposition wird dem Anleger i. d. R. durch einen über dem marktüblichen → *Zinsniveau* liegenden Zinssatz honoriert. In Zeiten niedriger → *Zinsen* kann der Anleger mit einem solchen Finanzprodukt eine über dem allgemeinen Marktniveau liegende Verzinsung seines Kapitals erwirtschaften. Bei starken Kursverlusten des → *Basiswerts* können aber auch hohe Verluste eintreten. In der Praxis liegen die → *Renditen* meist deutlich unter der Verzinsung.

Aktienanzahl

Die gesamte Zahl der Aktien eines Unternehmens bezeichnet die Summe aus ausgegebenen → *Aktien* und Anteilscheinen, die im Unternehmen verbleiben oder im Besitz von Altaktionären sind. Die Aktienmenge, die im → *Markt* erhältlich ist, d. h. nicht von einzelnen → *Aktionären* zur langfristigen Anlage gehalten wird, nennt man → *Streubesitz* oder Free Float.

Aktienfonds

→ *Investmentfonds* mit überwiegender oder vollständiger Investition in → *Aktien*. Aktienfonds können global oder aber in Aktien eines bestimmten Landes oder einer Region investieren. Andere Aktienfonds legen nach Unternehmenskriterien an, z. B. in Werte aus bestimmten Branchen oder in Aktiengesellschaften einer bestimmten Größe. Wieder andere folgen bestimmten strategischen Merkmalen. Aktienfonds haben i. d. R. kurzfristig ein höheres Risiko, langfristig aber auch Chancen auf höhere Wertsteigerungen als etwa → *Rentenfonds*.

Aktiengesellschaft (AG)

Unternehmensrechtsform, bei der die Aktienbesitzer ihre Gesellschaftsanteile in Form von → *Aktien* halten. Die → *Aktionäre* bestimmen die Besetzung des → *Aufsichtsrats*, der wiederum den → *Vorstand* bestellt. Die Aktionäre entscheiden bei → *Hauptversammlungen* über wichtige unternehmensrelevante Fragen, wie Gewinnverwendung, Entlastung des Aufsichtsrats und Vorstands sowie über etwaige → *Kapitalerhöhungen*, Fusionen u. a. m.

Aktiengesetz (AktG)

Das AktG ist die juristische Grundlage, auf der Aktiengesellschaften fußen. Es regelt deren Gestaltung und ihre Organe wie → *Aufsichtsrat* und → *Vorstand*, aber auch die Rechte der → *Aktionäre*.

Aktienindex

Ein Aktienindex ist eine Kennziffer zur Darstellung der Kurs- oder Wertentwicklung von → *Aktien*. Das Verhalten eines Aktienindex wird vor allem durch die → *Kurse* der im Index enthaltenen Aktien beeinflusst, aber auch durch eine Gewichtung der Einzelwerte. Aktienindizes unterscheiden sich vor allem durch ihre Gestaltung (als sogenannter → *Kurs*- oder *Performanceindex*), die Anzahl der enthaltenen Papiere und durch die Gewichtung der enthaltenen Aktien. Als Börsenbarometer liefert ein Aktienindex übergreifende Informationen über die Kursentwicklung an den Aktienmärkten. Darüber hinaus dienen Aktienindizes z. B. Managern von → *Investmentfonds* und ihren Kunden als → *Benchmark* (Maßstab), an der sie den Erfolg einer Anlagestrategie messen.

Aktienkapital

Das Aktienkapital ist das → *Grundkapital* einer Aktiengesellschaft (auch: Nenn- oder Nominalkapital) und bezeichnet gleichzeitig den Anteil am Eigenkapital, auf den die Haftung der Gesellschafter beschränkt ist.

Aktienmarkt

Der Aktienmarkt ist in verschiedene Marktsegmente unterteilt, die unterschiedliche Anforderungen an die Unternehmen bei der Zulassung zum Handel und während der Notierung stellen. In Deutschland werden die Marktsegmente nach Zugang zum → *Kapitalmarkt*, gesetzlichem Marktsegment und Transparenzniveau unterschieden. Beim Zugang zum Kapitalmarkt wird zwischen EU-reguliertem Markt und Märkten unterschieden, die von den → *Börsen* selbst reguliert werden. An der Frankfurter Börse beruht der „Regulierte Markt" auf EU-Regeln. Dieser ist unterteilt in den → *General Standard* sowie den → *Prime Standard*, der noch höheren Transparenzanforderungen unterliegt. Eine Notierungsaufnahme im selbstregulierten Markt erfolgt im → *Freiverkehr* (Open Market). Dieser unterteilt sich wiederum in das stärker regulierte Wachstumssegment → *Scale* und das → *Quotation Board*.

Aktienoption

Mit → *Optionen* auf → *Aktien* erwirbt der Käufer das Recht, eine bestimmte Anzahl von Aktien zu einem fest definierten Preis innerhalb einer bestimmten Laufzeit (→ *Amerikanische Option*) oder zu einem bestimmten Zeitpunkt (→ *Europäische Option*) zu erwerben oder zu verkaufen.

Aktiensplit

Mit einem Aktiensplit wird der aktuelle Aktienbestand einer AG in eine größere Zahl von → *Aktien* aufgeteilt. Dadurch werden diese optisch günstiger. Für den → *Aktionär* ändert sich an seinem Anteil an der AG nichts, da sich sein Kapitalanteil nach dem Split nur auf eine größere Anzahl von Aktien verteilt. Wenn es zu einem Split im Verhältnis 1:2 kommt, besitzt jeder → *Aktionär* ab dem Tag der Umstellung doppelt so viele Aktien wie vorher. Die → *Marktkapitalisierung* bleibt gleich, verteilt sich aber auf die doppelte Zahl von Aktien. Der Aktienkurs halbiert sich.

Aktionär

Inhaber von → *Aktien* einer Aktiengesellschaft (AG) und somit Miteigentümer an einem Unternehmen. Seine Beteiligung an der AG kann der Aktionär nicht kündigen, sondern muss diese, will er sie beenden, i. d. R. über die → *Börse* verkaufen. „Großaktionär" ist die Bezeichnung für Anteilseigner einer Aktiengesellschaft, die aufgrund der Höhe ihrer Beteiligung auf die Entscheidungen der → *Hauptversammlung* einen erheblichen Einfluss ausüben können. Rechte und Pflichten des Aktionärs sind im AktG (→ *Aktiengesetz*) geregelt.

Aktiva

Vermögenswerte eines Unternehmens. Verzeichnet werden sie auf der Aktivseite der → *Bilanz*. Die Aktiva werden nach dem Grad der Liquidität gegliedert. Unterschieden wird vorrangig nach weniger liquiden Gegenständen des

→ *Anlagevermögens*, die dauerhaft dem Geschäftsbetrieb dienen. Hierzu gehört die zur Produktion notwendige Infrastruktur, aber auch → *Finanzanlagen* mit dauerhaftem Charakter wie Beteiligungen an anderen Unternehmen und immaterielle Vermögensgegenstände wie Lizenzen, Patente oder Markennamen. Zum Umlaufvermögen zählen Gegenstände, die zur kurzfristigen und wiederkehrenden Verwendung gedacht sind. Dazu zählen besonders die liquiden Finanzmittel, aber auch Rohstoffe und Vorprodukte.

Algo-Trading

Auch Algorithmic Trading, automatisierter oder algorithmischer Handel und früher Programmhandel genannt. Darunter werden alle Handelsaktivitäten verstanden, die durch Computerprogramme nach Regeln erfolgen. Nach § 80 Abs. 2 WpHG wird der algorithmische Handel beschrieben als Handel mit Finanzinstrumenten, bei denen ein Computeralgorithmus die Auftragsparameter automatisch bestimmt (und Aufträge nicht nur bestätigt oder weiterleitet). Dabei geht es vor allem um Ausführungszeitpunkt, Preis oder Quantität.

Alpha

Mit der Kennziffer Alpha wird die abweichende Wertentwicklung eines → *Fonds* gegenüber der Entwicklung der verwendeten Maßgröße (→ *Benchmark*) bezeichnet. Sie beziffert das Ausmaß, in dem sich der Fonds besser oder schlechter entwickelt hat als die Benchmark. Das Alpha misst jenen Teil der → *Rendite*, der nicht mit der allgemeinen Marktentwicklung zu erklären ist, sondern auf der Auswahl von → *Aktien* innerhalb dieses → *Marktes* beruht. Ein positives Alpha deutet daher auf ein besonders erfolgreiches Fondsmanagement hin.

Alte Aktien

→ *Aktien* werden als alte Aktien bezeichnet, wenn eine Aktiengesellschaft (AG) neue Aktien herausgegeben hat, die nicht voll dividendenberechtigt sind. Daher werden alte Aktien höher gehandelt als → *Junge Aktien.*

Alternativer Investmentfonds

Mit dem 2013 beschlossenen → *KAGB* teilt sich die Welt der Investmentfonds in zwei Gruppen: → *UCITS*- oder → *OGAW*-Fonds sowie Alternative Investmentfonds (AIF). AIF sind alle Fonds, die nicht den Bestimmungen der OGAW-Richtlinie entsprechen. Vor allem investieren sie i. d. R. nicht in Wertpapiere. Zu ihnen gehören etwa Sachwertefonds wie → *geschlossene* Immobilien- oder Flugzeugfonds, aber auch → *Hedgefonds*, Private-Equity-, Private-Debt- oder Infrastrukturfonds.

Amerikanische Option

Bei amerikanischen → *Optionen* kann das Optionsrecht während der gesamten Handelszeit ausgeübt werden. (Vgl. → *Europäische Option)*

Amtlicher Handel

Der Amtliche → *Markt* war ein Marktsegment nach deutschem Recht aus der Zeit, als → *Börsen* sich noch in öffentlicher Trägerschaft befanden und wurde später durch EU-Recht reguliert. Zum 1. November 2007 ging er im → *Regulierten Markt* auf.

Analysten-Rating

Analysten von Banken, aber auch unabhängige Analysehäuser, bewerten → *Aktien* und sprechen Handelsempfehlungen aus. Diese können je nach Größe des Bankhauses bzw. Ansehen des Analysten großen Einfluss auf den → *Kurs* einer Aktie haben. Dabei benutzt jedes Bankhaus i. d. R. eine eigene Terminologie.

Dabei sind die bekanntesten → *Ratings:*

- Strong Buy = unbedingte Kaufempfehlung
- Buy = Kaufempfehlung
- Hold = Halten
- Sell = Verkaufsempfehlung
- Strong Sell = unbedingte Verkaufsempfehlung

Zudem gibt es u. a.

- Accumulate = Akkumulieren (d. h. bei einem kurzfristigen Rückgang nach-/zukaufen)
- Outperform = Schätzung, dass sich die Aktie im angegebenen Zeitraum besser entwickeln wird als der Index.

Anlagegrenzen

Quoten, bis zu denen → *Fondsmanager* das verwaltete → *Vermögen* in bestimmte Wertpapierklassen investieren dürfen.

Anlagepolitik

Festlegung aller Maßnahmen zur Gestaltung des Investmentvermögens eines → *Fonds* durch das Management.

Dieses setzt sich Anlageziele, z. B. eine → *Rendite* zu erwirtschaften, die über der Entwicklung eines Referenzindex liegt. Die Anlagepolitik wird i. d. R. für einen bestimmten Zeitraum festgelegt. Im Einzelnen werden dabei Grundsatzentscheidungen über die Auswahl der → *Wertpapiere*, den Zeitpunkt der Anschaffung, die Anlagedauer sowie → *Absicherungen* gegen Kursverluste getroffen.

Anlagevermögen

Im Anlagevermögen werden dauerhafte Vermögensgegenstände eines Unternehmens erfasst. Das können z. B. Maschinen oder Büroeinrichtungen sein. Das Anlagevermögen gliedert sich i. d. R. in immaterielle Vermögensgegenstände, Sach- und → *Finanzanlagen*. Das Anlagevermögen wird auch als → *Buchwert* angesetzt, der die Substanz einer Firma widerspiegeln soll. Notiert eine → *Aktie* unter dem auf sie rechnerisch entfallenden Buchwert, ergibt sich für den Anleger die Chance, einen → *Gewinn* zu erzielen, falls diese → *Unterbewertung* an der → *Börse* irgendwann anerkannt wird.

Anleihe

Anleihen gehören für eine Unternehmung zu den klassischen Mitteln der Beschaffung von → *Fremdkapital*. Sie verbriefen einen Rückzahlungsanspruch und Zinszahlungen in bestimmter Höhe als Entgelt für die Überlassung des Kapitals. Während ein Investor durch den Kauf von → *Aktien* (Mit-)Eigentümer der Unternehmung wird, sind die Inhaber von Anleihen Gläubiger. Im Unterschied zu Krediten werden Anleihen im Prinzip öffentlich begeben, sodass jedermann dem → *Emittenten* der Anleihe Kapital für die Dauer der Laufzeit überlassen kann. Sie unterscheiden sich durch abweichende Konditionen wie unterschiedliche Laufzeiten, den Währungen, in denen sie erworben und zurückgezahlt werden sowie der Art der vom Schuldner zu erbringenden Verzinsung. Anleihen werden nach Art der Verzinsung in → *Festverzinsliche Wertpapiere*, → *Floater* und strukturierte → *Wertpapiere* unterschieden. Im letzteren Fall ist die Höhe der Zinszahlung vom Eintritt bestimmter Ereignisse abhängig, die sehr unterschiedlicher Natur sein können, etwa von bestimmten Wachstumsraten oder bestimmten Kursständen von Aktienindizes. Auch der Umfang der → *Tilgung* einer strukturierten Anleihe kann sich nach solchen Kriterien richten. Eine spezielle Form sind → *Nullkuponanleihen*, auch Zerobonds genannt. Der → *Kurs* einer Anleihe wird in Prozent des → *Nominalwerts* angegeben. Handelt eine Anleihe etwa zu 103 Prozent, so muss der Käufer für einen Nominalwert von 1.000 Euro 1.030 Euro bezahlen. Der Erwerb an der → *Börse* richtet sich zudem nach der Stückelung der Anleihe, die in Euro meist 1 000 oder 50 000 Geldeinheiten beträgt. Dies bedeutet, dass mindestens eine Nominale in dieser Höhe erworben werden muss. Grundsätzlich gilt, dass → *Zins*- und Tilgungszahlungen für Anleihen Vorrang vor Dividendenverpflichtungen haben und die Nicht-Bedienung zur Insolvenz führen kann. Der Zinsanspruch einer Anleihe wird auch als → *Kupon* bezeichnet. Dies leitet sich aus der Zeit her, als Anleihen noch in gedruckter Form ausgegeben wurden. Zum Erhalt der Zinszahlung mussten an der Urkunde befindliche Marken (Kupons) beim Schuldner oder der Bank abgegeben werden. Der Vorgang der Ausgabe einer Anleihe wird als Begebung oder → *Emission* bezeichnet.

Anleihearten

→ *Anleihen* können vom Grundsatz her nach der Art des → *Emittenten* unterschieden werden: Staatsanleihen sind Anleihen der öffentlichen Hand und genießen i. d. R. eine höhere → *Bonität*, da Staaten die Höhe ihrer Einnahmen durch hoheitliche Akte beeinflussen können. Schuldverschreibungen werden meist von Kreditinstituten herausgegeben. → *Kommunalobligationen* bzw. → *Pfandbriefe* stammen von Kommunal- und Realkreditinstituten des öffentlich-rechtlichen Sektors (z. B. Landesbanken). → *Industrieanleihen* werden von Unternehmen emittiert. Auslandsanleihen stammen von ausländischen Emittenten.

Anleihemarkt

Am Anleihemarkt findet der gesamte Handel mit → *Anleihen* statt. In Deutschland werden Anleihen wie auch → *Aktien* im → *Regulierten Markt* und im → *Freiverkehr* gehandelt. Aufgrund des bei Anleihen weniger transparenten und liquiden Marktes haben andere → *Börsen* spezielle Handelssegmente eingerichtet. So bietet die Börse Stuttgart den Anleihenhandel im → *Bond*-X und in der → *Bondbox* an.

Annuitätsbonds (Annuitätsanleihen)

Annuitätsbonds werden in festen Jahresbeträgen getilgt. Die Zahlung beinhaltet die → *Zinsen* für das abgelaufene Jahr sowie den Tilgungsbetrag.

Anrechnungsverfahren

Das Anrechnungsverfahren war ein Körperschaftsteuersystem, das ein Recht für den → *Aktionär* begründete, die auf seine → *Dividende* entfallene → *Körperschaftsteuer* in vollem Umfang (nämlich in Höhe von 9/16 der Dividende) auf seine Einkommensteuerschuld anzurechnen. Es galt in Deutschland von 1977 bis 2000 und wurde durch das Halbeinkünfteverfahren ersetzt.

Anteile anderer Gesellschafter

Die Anteile anderer Gesellschafter finden zum einen Eingang in die → *Gewinn- und Verlustrechnung* (Fremde Anteile am Ergebnis) und zum anderen auf der Passivseite in die → *Bilanz*. Die Anteile anderer Gesellschafter auf der Passivseite in der Bilanz verstehen sich als eine Schuld an die jeweiligen Anteilseigner.

Anteilswert

Wert des → *Fondsvermögens* geteilt durch die Zahl der insgesamt ausgegebenen Anteile zu einem bestimmten Stichtag. Bei Ausschüttungen an die Anteilinhaber vermindert sich der Anteilswert. Der Anteilswert der → *Publikumsfonds* wird börsentäglich von der → *Depotbank* unter Mitwirkung der Kapitalverwaltungsgesellschaft (KVG) ermittelt. Er ist identisch mit dem → *Rücknahmepreis*, zu dem die KVG

Fondsanteile zurücknimmt und wird zusammen mit dem → *Ausgabepreis* veröffentlicht.

Antizyklisches Anlageverhalten

Antizyklisch agierende Anleger investieren gegen den Markttrend. Sie nutzen Börsenhochs, um entgegen dem → *Markt* → *Wertpapiere* zu verkaufen und -tiefs, um diese zu kaufen.

Arbitrage

Arbitrage beschreibt das Ausnutzen von räumlichen oder zeitlichen Preisdifferenzen für ein Gut. Bei → *Wertpapieren* profitiert der Arbitrageur von unterschiedlichen Preisen an zwei → *Börsen*. Arbitragegewinne lassen sich vor allem bei → *Futures* erzielen, wenn starke Kursveränderungen von anderen Marktteilnehmern noch nicht sofort nachvollzogen wurden. Auch bei → *Anleihen* lassen sich solche → *Gewinne* erzielen, da der → *Markt* meist weniger liquide und transparent ist.

AS-Fonds

→ *Investmentfonds* zur Altersvorsorge mit gesetzlicher Verankerung (AS = Altersvorsorge-→ *Sondervermögen*), die 1998 geschaffen und 2013 wieder abgeschafft wurden. Die → *Fonds* sahen eine schwerpunktmäßige Investition in → *Aktien* und Immobilien vor. Alle AS-Fonds mussten mit Spar- und Entnahmeplänen angeboten werden. Da dem Anlagevehikel keine konsequente steuerliche Förderung zuteilwurde, konnte es sich nicht durchsetzen.

Asset Allocation

Aufteilung des Kapitals auf verschiedene Investmentarten (Anlageklassen, Währungen, Regionen). Der Ertrag und das Risiko eines Portfolios kann durch die Auswahl der → *Wertpapiere* und deren Gewichtung bestimmt und optimiert werden.

Aufgeld

Meist in Prozent ausgedrückter Wert, um den z. B. der Ausgabekurs eines → *Wertpapiers* über einem bestimmten Normpreis, i. d. R. dem → *Nennwert* liegt. Ebenfalls als Aufgeld wird der in Euro oder Prozent gemessene Betrag bezeichnet, den der Käufer für ein entsprechendes Recht (→ *Optionspreis*, → *Option*, → *Bezugsrecht*) über den rechnerischen Wert hinaus zu bezahlen bereit ist. Wenn eine → *Aktie* z. B. bei 40 Euro notiert und der → *Optionsschein* bei einem Basiskurs von ebenfalls 40 Euro 4 Euro kostet, beträgt das Aufgeld 10 Prozent. Gegenteil: → *Abgeld*, → *Disagio*

Aufsichtsrat

Das für die Überwachung der Geschäftsführung einer Kapitalgesellschaft zuständige, bei Aktiengesellschaften von der → *Hauptversammlung* und je nach Beschäftigtenzahl der Unternehmung von der Belegschaft gewählte Organ. Bei Aktiengesellschaften besteht er aus mindestens drei Mitgliedern, die nicht zugleich dem → *Vorstand* angehören dürfen.

Aufwertung

Steigerung des Außenwerts einer Währung im Verhältnis zu einer anderen Währung im internationalen Handels- und Zahlungsverkehr. Im Allgemeinen geht sie zu Lasten der Exportwirtschaft des entsprechenden Landes, da die ausgeführten Waren für Devisenausländer teurer werden, während eingeführte Waren günstiger erstanden werden können. Gegenteil: → *Abwertung*

Ausgabeaufschlag (Agio)

Der Ausgabeaufschlag ist eine einmalige Gebühr, die beim Erwerb von Fondsanteilen anfällt. Sie wird üblicherweise als Prozentsatz auf Basis des → *Rücknahmepreises* angegeben. Die Höhe des Ausgabeaufschlags ist unterschiedlich und wird von der Kapitalverwaltungsgesellschaft festgesetzt. Er dient u. a. der Deckung der Vertriebskosten und variiert erfahrungsgemäß zwischen 0 und 7 Prozent. Auf Ausgabeaufschläge werden von unterschiedlichen Vermittlern unterschiedlichste Rabatte von bis zu 100 Prozent angeboten.

Ausgabepreis

Der Ausgabepreis ist der aktuelle Preis, der für den Erwerb eines Anteils an einem → *Investmentfonds* zu zahlen ist, berechnet aus dem Anteilwert (→ *Rücknahmepreis*) zzgl. des → *Ausgabeaufschlags*. I. d. R. wird der Ausgabepreis börsentäglich ermittelt und veröffentlicht.

Ausländische Fonds

Steuerlich wird zwischen zugelassenen deutschen → *Investmentfonds* sowie drei unterschiedlichen Kategorien ausländischer → *Fonds* unterschieden:

- Registrierte Fonds, die ihre Anteile in Deutschland öffentlich anbieten dürfen.
- Nicht-registrierte Fonds mit Finanzvertretern, die ihre Anteile in Deutschland nicht öffentlich anbieten dürfen.
- Alle übrigen Fonds, die ihre Anteile in Deutschland ebenfalls nicht öffentlich anbieten dürfen.

Registrierte → *Auslandsfonds* werden bis auf wenige Besonderheiten steuerlich wie deutsche Fonds behandelt. Nicht-registrierte ausländische Fonds sind gegenüber deutschen Fonds steuerlich erheblich benachteiligt. Damit ein ausländischer Fonds als registrierter Fonds gilt, muss er bestimmte gesetzliche Kriterien erfüllen.

Ausländische Quellensteuer

In einigen Ländern unterliegen die → *Erträge* von → *Wertpapieren* einer → *Quellensteuer*, durch die die Erträge gemindert werden. Beträgt diese höchstens 15 Prozent und existiert mit dem betreffenden Land ein → *Doppelbesteuerungsabkommen*, so wird die ausländische Steuer meist automatisch verrechnet. Darüber hinausgehende Quellensteuerzahlungen können zurückgefordert werden. Dies ist jedoch zumeist aufwendig und bisweilen teuer, sodass sich dies meist nur bei großen Beträgen lohnt.

Auslandsfonds

→ *Investmentfonds*, die von → *Investmentgesellschaften* im Ausland aufgelegt wurden. Dabei kann die ausländische Gesellschaft eine Tochter einer deutschen Kapitalverwaltungsgesellschaft sein.

Ausschüttende Fonds

Im Gegensatz zu → *Thesaurierenden* Fonds werden bei diesen Anlagen dem Fonds zugeflossene ordentliche und ggf. auch ein Teil der außerordentlichen → *Erträge* an die Anteilsinhaber ausgeschüttet. Ordentliche Erträge von Wertpapierfonds sind → *Dividenden* und/oder → *Zinsen*, außerordentliche Erträge → *Gewinne* aus dem Verkauf von → *Wertpapieren*. Die Ausschüttungen werden in der Basiswährung des Fonds je Anteil festgesetzt und veröffentlicht. Der Anteilpreis eines → *Investmentfonds* vermindert sich am Tag der Ausschüttung um diesen Betrag. Fonds werden häufig mit einer ausschüttenden und einer thesaurierenden → *Tranche* aufgelegt. I. d. R. werden die ausschüttenden Tranchen als A-Anteile bezeichnet, die thesaurierenden Tranchen als B-Anteile. Gegenteil: → *Thesaurierende Fonds*

Außerordentliche Erträge

Zu den außerordentlichen → *Erträgen* gehören Einnahmen, die nicht durch die ordentliche Geschäftstätigkeit erzielt wurden (z. B. Verkauf von Beteiligungen, Immobilien usw.) Die außerordentlichen Erträge werden erst nach dem Ergebnis vor → *Zinsen* und Steuern (→ *Ebit*) in der → *Gewinn*- und Verlustrechnung aufgeführt.

Außerordentlicher Aufwand

Zu den außerordentlichen Aufwendungen gehören Kosten, die nicht durch die ordentliche Geschäftstätigkeit entstanden sind (z. B. Spekulationsverluste, Beteiligungsverluste usw.). Die außerordentlichen Aufwendungen tauchen nach dem Ergebnis vor → *Zinsen* und Steuern (→ *Ebit*) in der → *Gewinn*- und Verlustrechnung auf.

Auszahlungsplan

Ein Auszahlungsplan ist eine getroffene Vereinbarung zwischen dem Anleger und einer Kapitalverwaltungsgesellschaft (KVG), die über die Höhe und den Zeitabstand regelmäßiger Auszahlungen aus einem Investmentguthaben bestimmt. Der Anleger kann sich die regelmäßig erwirtschafteten → *Erträge* auszahlen lassen (Auszahlung ohne Kapitalverzehr) oder das Investmentvermögen allmählich aufbrauchen (Auszahlung mit Kapitalverzehr).

BaFin

Abkürzung für Bundesanstalt für Finanzdienstleistungsaufsicht. Die BaFin entstand 2002 aus der Zusammenlegung des Bundesaufsichtsamts für das Kreditwesen (BAKred), des Bundesaufsichtsamts für den Wertpapierhandel (BAWe) und des Bundesaufsichtsamts für das Versicherungswesen (BAV). Hauptziel der BaFin ist es, ein funktionsfähiges, stabiles und integres deutsches Finanzsystem zu gewährleisten. Sie übt die Banken-, Versicherungs- und Wertpapieraufsicht aus und überwacht damit auch den → *Aktien*-, → *Anleihen*- und Fondshandel.

Backwardation

Die Preise für Waren im → *Terminhandel* weichen in der Regel von denen im → *Kassahandel* ab. In einem vollkommenen Markt sollten sie genau um die Kosten der Lagerhaltung und Zinsen (sogenannte „Cost of carry") höher sein. Eine Situation, in der die Terminpreise unter den Kassapreisen liegen, wird als Backwardation bezeichnet. Marktteilnehmer rechnen dann mit sinkenden Preisen, weil sie von einem Nachfragerückgang oder einem steigenden Angebot ausgehen.

Baisse

Phase anhaltender starker Kursrückgänge an der → *Börse*, auch Bärenmarkt genannt. Gegenteil: → *Hausse*

Balkenchart

Grafische Darstellung des Tiefst-, Höchst- und → *Schlusskurses* eines Wertpapiertitels. Für jede Zeiteinheit wird der höchste mit dem tiefsten → *Kurs* verbunden, wodurch ein Balken entsteht. An diesem Balken kennzeichnet der angesetzte Strich den Schlusskurs, bisweilen wird dieser durch den → *Eröffnungskurs* mit einem Strich links ergänzt. Diese Dokumentation stellt optisch das Ausmaß der Schwankungen dar, wodurch Schlüsse über Veränderungen in Angebot und Nachfrage möglich werden.

Barausgleich

→ *Optionsscheine* können durch → *Lieferung* von Einheiten des → *Basiswerts* oder in bar bedient werden. In diesem Fall erfolgt am Ende der Laufzeit die Zahlung des Differenzbetrags zwischen dem Produkt aus aktuellem → *Kurs* und → *Bezugsverhältnis* sowie dem → *Basispreis*. Geregelt ist dies in den Emissionsbedingungen.

Bären, bearish, Bärenmarkt

Wird an den → *Börsen* mit fallenden → *Kursen* gerechnet, so wird die Stimmung als „bearish" bezeichnet. Der entsprechende → *Markt* wird „Bärenmarkt" genannt. Der Bär symbolisiert fallende Kurse, weil er mit der Pranke von oben nach unten schlägt. Gegensatz: → *Bulle, bullish, Bullenmarkt*.

Barreserve

Das Fondsmanagement kann bis zu einer im Prospekt festgelegten Obergrenze einen Teil des → *Fondsvermögens* in Bankguthaben bzw. → *Geldmarktpapieren* halten, um flexibel auf Anlagechancen reagieren zu können bzw. sich den Erfordernissen des → *Marktes* anpassen zu können. Das

→ *KAGB* sieht einige spezielle Vorschriften hinsichtlich der Verteilung der Liquidität vor.

Basic Board

Das Basic Board ist Teil des → *Open Market* der Deutschen Börse. In ihm werden Aktien von Unternehmen gehandelt, die die Mindestvoraussetzungen einer Marktkapitalisierung von 30 Millionen Euro für ein primäres Listing nicht mehr erfüllen. Das Basic Board wird nicht als separates Segment ausgewiesen, auch wenn die Unternehmen weiter ihren Berichtspflichten nachkommen müssen.

Basispreis

Der bei Abschluss eines → *Optionsgeschäfts* vereinbarte Preis, zu dem der Käufer bzw. Verkäufer einer → *Option* den zugrunde liegenden Gegenstand bis zum Optionstermin von seinem Kontrahenten kaufen bzw. an ihn verkaufen kann.

Basiswert

Auch zugrunde liegendes „Aktivum“ oder „Underlying“ genannt. Er ist der Gegenstand eines → *Termingeschäfts*, → *Optionsscheins* oder Optionskontrakts, i. d. R. eine → *Aktie*, → *Anleihe* oder Währung bzw. ein Rohstoff oder Index.

Bear Beta

Das Bear → *Beta* ist eine statistische Analysekennziffer, mit deren Hilfe man das Verhalten eines → *Fonds* bei fallenden Märkten verdeutlichen kann. Das Bear Beta ist das relative Maß der Veränderung des Ertrags einer Investition als

Reaktion auf die negative Veränderung der → *Benchmark* (→ *Vergleichsindex*). Es spaltet die Kennziffer Beta auf, um zu zeigen, wie die Wertentwicklung des Investments Perioden mit einer negativen Entwicklung der Benchmark korreliert. Bei einem positiven Bear Beta reagiert der Fonds mit Verlusten auf einen sinkenden Index, bei einem negativen Bear Beta mit → *Gewinnen*. Der Wert des Bear Beta zeigt das Ausmaß der → *Korrelation* (Elastizität). Je höher der Wert des Bear Beta ist, desto stärker reagiert der Fonds auf Indexverluste. Das Gegenteil ist das Bull Beta. Das Verhältnis von Bull zu Bear Beta sollte bei positivem Vorzeichen des Bear Beta größer als eins sein, da der Fonds dann stärker von Bullenmärkten profitiert als unter Bärenmärkten leidet.

Bear Korrelation

Die Bear → *Korrelation* misst das Verhältnis des → *Fonds* zu den negativen Bewegungen des → *Marktes*. Beispiel: Wenn der Korrelationskoeffizient gleich eins ist, fallen Fonds und Index gemeinsam, d. h. sie sind in negativen Perioden perfekt korreliert. Je kleiner der Bear-Korrelationskoeffizient ist, desto besser, da der Fonds dann dazu tendiert, weniger stark zu fallen als der Index.

Belegschaftsaktie

→ *Aktie*, die den Angehörigen einer Gesellschaft i. d. R. zu einem günstigen Preis überlassen wird, um deren Interesse am Wohlergehen des Unternehmens zu fördern. Häufig darf der Verkauf solcher Aktien erst nach Ablauf einer bestimmten Frist erfolgen, wobei die Zuwendungen nur in begrenztem Rahmen einkommens- bzw. lohnsteuerpflichtig sind. In Deutschland gibt es mehr als eine Million Belegschaftsaktionäre.

Benchmark

Vergleichsmaßstab oder Bewertungsmethode für die Messung des Anlageerfolges eines → *Fonds*. Üblicherweise wird als Benchmark der jeweils marktrelevante → *Aktien*- oder Rentenindex verwendet. Ziel des → *Fondsmanagers* ist es, eine bessere Wertentwicklung als der zugrunde gelegte Index zu erzielen. Dies wird dadurch zu erreichen gesucht, dass gezielt von der Indexzusammensetzung abgewichen wird und bestimmte → *Wertpapiere* im Fonds eine stärkere oder geringere Gewichtung erfahren als im Index.

Berichtigungsaktie

Berichtigungsaktien werden an Altaktionäre ohne Zuzahlung in einem bestimmten Verhältnis zu den in dessen Besitz befindlichen → *Aktien* neu ausgegeben. Sie stellen eine → *Kapitalerhöhung* aus Gesellschaftsmitteln dar, wobei sich der → *Kurs* der Aktien entsprechend dem Umfang der vorgenommenen Kapitalerhöhung um einen Abschlag verringert und daher der Wert der Depotposition eines Anlegers vor und nach Abschluss der Transaktion rechnerisch derselbe bleibt. Allerdings profitiert der Anleger von dieser Berichtigung, wenn die → *Dividende* je Aktie gleich bleibt.

Besicherung

Vereinbarung, die einem Kreditgeber unter bestimmten Bedingungen, meist dem Ausfall des Schuldendienstes, die

Verfügungsgewalt über bestimmte Vermögenswerte des Schuldners überträgt, um daraus seine Ansprüche gegen den Kreditnehmer zu befriedigen. Diese Sicherheiten sollen eine ordnungsgemäße Rückzahlung des Kredites absichern. Häufige Sicherheiten sind Grundrechte, aber auch → *Wertpapiere*, Gold, Lebensversicherungen und die Abtretung von → *Forderungen* und Gehältern.

Bestens

Wird bei der Erteilung einer Wertpapierverkaufsorder kein → *Limit* erteilt, erklärt sich der Anleger bereit, Nachfrage am → *Markt* zu jedem → *Kurs* zum Zeitpunkt der Ausführung zu akzeptieren. Gefährlich kann eine solche Auftragsvergabe für den Börsianer bei sehr „engen", umsatzschwachen Werten sein, wenn gleichzeitig mehrere unlimitierte Verkaufsaufträge zusammenkommen und erheblichen Druck auf den Kurs ausüben, weil nur unzureichend Nachfrage besteht. In diesem Fall kann es zu starken Kursverlusten kommen. Gegensatz: → *Billigst*

Beta

Die Kennziffer Beta misst die → *Volatilität* eines Investments in Bezug auf eine Maßgröße (→ *Benchmark*). Das Beta ist das relative Maß der Anpassung des Ertrags einer Investition an die Veränderungen der zugeordneten Benchmark-Erträge. Mittels des Betas lassen sich Aussagen über das Risiko eines → *Fonds* im Vergleich zu seinem Index treffen. Generell impliziert ein positives Beta, dass mit einem Anstieg des Index auch ein Anstieg des Fondspreises verbunden ist, während ein negatives Beta ein Sinken des

Fondspreises impliziert. Ist der Wert des Beta größer eins, sind die implizierten Kursschwankungen des Fonds größer als die des → *Vergleichsindex*; ist der Wert kleiner eins, so ist der Fonds im Verhältnis zur Benchmark weniger volatil.

Beta-Faktor

Der → *Beta*-Faktor gibt die Beziehung zwischen der Kursentwicklung einer → *Aktie* und einem Index an und zeigt die Sensitivität des Aktienkurses auf die Veränderung des Indexstands. Ein Beta-Faktor größer eins bedeutet, dass die Aktie stärker schwankt als der Gesamtmarkt. Ein Beta-Faktor von eins bedeutet, dass die Aktie gleich stark schwankt und ein Beta-Faktor kleiner eins bedeutet, dass die Aktie im Verhältnis zum Gesamtmarkt weniger stark schwankt.

Betriebliche Erträge

Die betrieblichen → *Erträge* als Posten der → *Gewinn-* und Verlustrechnung umfassen nur diejenigen Erträge, die aus ordentlicher Geschäftstätigkeit erzielt wurden. Sie schließen alle Erträge aus, die nicht aus der Firmentätigkeit resultieren, wie etwa die Erträge aus dem Verkauf von Grundstücken durch ein Nicht-Immobilienunternehmen. Diese gehören als außerordentliche Erträge nicht ins operative Geschäft.

Bezahlt

Der Vermerk „bezahlt" zeigt an, dass zu dem angegebenen → *Kurs* alle vorliegenden Aufträge abgewickelt werden konnten (vgl. → *Kurszusätze*). Der Kurszusatz „bezahlt

Brief" besagt, dass alle unlimitierten Verkaufsaufträge und jene, deren → *Limit* darunter lag, zum angegebenen Kurs vollständig ausgeführt werden konnten, die zum festgestellten Kurs limitierten Verkaufsaufträge aber nicht oder nur teilweise, weil keine entsprechende Nachfrage vorlag. Der Kurszusatz „bezahlt Geld" besagt, dass zum angegebenen Kurs alle unlimitierten Kaufaufträge und jene, deren Limit darunter lag, vollständig ausgeführt werden konnten, die zum festgestellten Kurs limitierten Kaufaufträge aber nicht oder nur teilweise, weil entsprechendes Angebot fehlte (vgl. → *Kurszusätze*).

Bezugskurs

→ *Kurs*, zu dem neue (junge) → *Aktien* bezogen werden können.

Bezugsrecht

Ein Bezugsrecht gewährt einem → *Aktionär* das Recht, bei einer → *Kapitalerhöhung* eines Unternehmens mit neuen → *Aktien* im Verhältnis zum bisherigen Anteil am → *Grundkapital* zu einem festgelegten → *Bezugskurs* bedacht zu werden. Macht er von dem Angebot keinen Gebrauch, kann er die ihm zustehenden Bezugsrechte i. d. R. über die → *Börse* veräußern. Der Veräußerungsgewinn kann dann eine Entschädigung für den Kursverlust sein, den er auf seinen Aktienbesitz nach Bezugsrechtsabschlag hinnehmen muss. Dieser entsteht dadurch, dass sich der Gesamtwert aller bisher ausgegebenen Aktien (→ *Marktkapitalisierung*) aufgrund der Kapitalerhöhung auf eine höhere Zahl Aktien verteilt. Rein rechnerisch ermittelt man den Wert des Bezugsrechts nach folgender Formel: (→ *Kurs* der alten Aktie - Bezugskurs der jungen Aktie) : (→ *Bezugsverhältnis* + 1). Beispiel: Kapitalerhöhung 10:2 zu 100; Bezugskurs 100 Euro; Kurs der alten Aktie 300 Euro (300 - 100) : (5 + 1) = 33,33 Euro.

Bezugsverhältnis

Das Bezugsverhältnis eines → *Optionsscheins* gibt an, in welchem Verhältnis zu diesem Einheiten des zugrunde liegenden → *Basiswerts* erworben werden können. Bei Devisenoptionsscheinen auf amerikanische Dollar beträgt das Bezugs- bzw. Optionsverhältnis meist 1:100. Das bedeutet, dass mittels eines Scheines 100 Dollar gekauft oder verkauft werden könnten. Bei Aktienscheinen orientiert sich das Bezugsverhältnis häufig am → *Kurs* der → *Aktie*.

Bilanz

Die Bilanz ist eine vollständige Aufstellung der Vermögenswerte und stellt Verpflichtungen eines Unternehmens dar. Sie misst die Leistungskraft einer Gesellschaft. Die Aktivseite gibt Auskunft über die Mittelverwendung im Unternehmen und zeigt die erworbenen Ansprüche wie liquides, immaterielles oder Sachvermögen. Die Passivseite gibt Auskunft über die Mittelentstehung und damit die Finanzierung des Unternehmens. Wichtig ist hier das Verhältnis des dem Unternehmen unbeschränkt zur Verfügung stehenden Eigenkapitals zum zeitlich befristeten → *Fremdkapital*. Im Gegensatz zur → *Gewinn*- und Verlustrechnung, die Auskunft über Zeiträume gibt, stellt die Bilanz eine Bestandsaufnahme zum Bilanzstichtag dar.

Bilanzsumme

Die Bilanzsumme ist das Ergebnis der Addition aller Aktiv- oder Passivwerte einer → *Bilanz*. Sie gibt Anhaltspunkte für die Einordnung eines Unternehmens nach Größenklasse, ist ansonsten aber nicht überaus aussagekräftig.

Billigst

Wird bei der Erteilung einer Wertpapierkauforder kein → *Limit* erteilt, erklärt sich der Anleger bereit, Angebote am → *Markt* zu jedem → *Kurs* zum Zeitpunkt der Ausführung zu akzeptieren. Gefährlich kann eine solche Auftragsvergabe für den Börsianer bei sehr „engen", umsatzschwachen Werten sein. Dies kann zum Kauf zu einem sehr ungünstigen Kurs führen, weil aufgrund der spärlichen Zahl der Aufträge auf beiden Seiten des Markts die Kurse stark streuen können. Zudem kann sich aufgrund der geringen Stückzahlen leicht ein Nachfrageüberhang bilden, der den Kurs rasch nach oben treibt. Gegensatz: → *Bestens*

Bitcoin

Älteste und ursprüngliche → *Kryptowährung*, die im Jahr 2009 kreiert wurde. Auf maximal 21 Millionen Einheiten begrenzt.

Black-Scholes-Modell

Finanzmathematisches Modell zur Bewertung von → *Optionsscheinen*, entwickelt von Fischer Black und Myron Scholes. Das Modell zielt darauf ab, den theoretisch richtigen (fairen) Optionsscheinpreis zu ermitteln. Wichtigste Bestimmungsgrößen sind der → *Kurs* des → *Basiswerts*, der

→ *Basispreis*, die → *Restlaufzeit* der → *Option*, der risikofreie Zinssatz und die erwartete → *Volatilität* des Basiswerts.

Blockchain

Kontinuierliche Aneinanderreihung von Datensätzen in einzelnen Blöcken einer Kette. Die Blöcke werden in einer dezentralen Infrastruktur ohne zentrale Instanz im Konsens erstellt (alle Knoten eines Netzwerks einigen sich auf einen einheitlichen Stand der Kette) und mittels kryptografischer Verfahren aneinandergehängt. Zentrale Rolle fällt dabei dem Hash (Streuwert) zu, der den folgenden Block mit dem vorangegangenen verknüpft. Da sich dieser Hash bei Änderung eines Blocks ebenfalls ändert, sind Änderungen und Manipulationen praktisch nicht möglich. Weil spätere Glieder der Kette auf den früheren aufbauen, würden sie bei Änderungen eines früheren Kettenglieds ebenfalls geändert. Dadurch entsteht eine Inkonsistenz der Kette, die offensichtlich macht, dass die Kette manipuliert wurde. Eine Änderung der Daten erfolgt ggf. in einem neuen Block in der Kette. Die zugrunde liegenden Daten spielen für die Technik der Blockchain keine Rolle. Kann kein Konsens im Netzwerk erreicht werden, kommt es zu Verzweigungen (Fork) der Kette.

Blue Chip

Als „Blue Chips“ oder → *Standardwerte* werden umsatzstarke → *Aktien* großer Unternehmen bezeichnet, auf deren Kursentwicklung führende Indizes beruhen. Sie zeichnen sich durch ein hohes Handelsvolumen und ein höheres Engagement institutioneller Investoren aus. Die

Kursschwankungen fallen i. d. R. geringer aus, besonders zwischen aufeinanderfolgend gestellten → *Kursen* im Handelsverlauf. Blue Chips an der deutschen → *Börse* sind etwa BASF, Siemens, Volkswagen oder Allianz.

Bogen

Das bei → *Aktien* aus Gewinnanteilsscheinen (→ *Kupons*), bei → *Anleihen* aus Zinsscheinen und dem jeweiligen Erneuerungsschein (Talon) bestehende effektive → *Wertpapier* zur Geltendmachung der entsprechenden Rechte. Heute praktisch nicht mehr im Gebrauch.

Bollinger-Bänder

Bollinger-Bänder sind ein von John Bollinger entwickelter Indikator der → *Chartanalyse*, der auf Trendveränderungen hinweisen soll. Zur Berechnung wird zunächst ein arithmetischer, gleitender Durchschnitt über 20 Tage berechnet (Standardeinstellung). Bollingers Idee beruhte auf dem statistischen Phänomen der „Häufung in der Mitte". Dieses besagt, dass in normalverteilten Wertegruppen eine bestimmte Menge an Werten mit einer bestimmten Wahrscheinlichkeit nur bis zu einem bestimmten Betrag vom Mittelwert abweicht. Dies bedeutet, dass unter Vernachlässigung vereinzelter Ausreißer alle Werte in einer vergleichsweise engen Spanne zu finden sind. In der Statistik spricht man von einer Gaußschen Normalverteilung. Dementsprechend berechnet man nun die Standardabweichung, die quantifiziert, wie stark die → *Kurse* in der Vergangenheit um den 20-Tage-Durchschnitt geschwankt haben. Davon ausgehend erhält man zwei Kurven, indem die Standardabweichung einmal zum 20-Tage-Durchschnitt hinzuaddiert, und das andere Mal vom 20-Tage-Durchschnitt subtrahiert wird. Diese so gewonnenen Kurven werden als Bollinger-Bänder bezeichnet. Aus diesen werden folgende Handelssignale ermittelt:

1. Sobald sich die Bänder dem zugrunde liegenden 20-Tage-Durchschnitt annähern, steht eine massive Kursbewegung (aufwärts oder abwärts) bevor.
2. Kurse tendieren dazu, von einem Band zum anderen zu laufen. Notiert ein Kurs in der Nähe des einen Bandes, so ist kurzfristig eine gegensätzliche Tendenz in Richtung auf das andere Band zu erwarten.
3. Bildet sich innerhalb eines Bollinger-Bandes ein Boden oder ein Topp heraus, und wird dieses auch innerhalb des Bandes wiederholt, so ist eine Trendwende zu erwarten.
4. Bricht ein Kurs aus dem Bollinger-Band aus, so ist eine weitere Bewegung in Ausbruchsrichtung zu erwarten.

Bondbox

Segment des Anleihenhandels an der → *Börse* Stuttgart. Es werden hochliquide → *Anleihen* gehandelt, die über einen festen → *Market Maker* verfügen, der verpflichtet ist, börsentäglich zwischen 9.00 und 18.00 Uhr verbindliche An- und Verkaufspreise zu stellen.

Bonds

→ *Festverzinsliche Wertpapiere* (Rentenpapiere) → *Anleihe*

Bond-X

Segment des Anleihenhandels an der → *Börse* Stuttgart. Ab der kleinsten handelbaren Einheit werden verbindliche An- und Verkaufspreise für → *Anleihen* innerhalb einer engen Spanne während der gesamten Handelszeit gestellt, auch als → *Taxkurse*. Die kleinste handelbare Einheit darf 5.000 Euro nicht überschreiten, für strukturierte Anleihen und Tier-1-Anleihen müssen die Anleihebedingungen oder zumindest eine Kurzfassung vorliegen.

Bonität

Die Bonität bezeichnet die Kreditwürdigkeit und Zahlungsfähigkeit eines Schuldners (→ *Emittenten*) und gilt als Maßstab für die Sicherheit einer → *Anleihe*. Internationale Ratingagenturen wie Standard & Poor's (S&P), Moody's oder Fitch überprüfen regelmäßig die Bonität zahlreicher Schuldner, da sich diese aufgrund von Entwicklungen im gesamtwirtschaftlichen und unternehmensspezifischen Umfeld im Zeitablauf ändert. Kategorisiert werden Anleihen nach ihrer Bonität in investmentwürdige Anleihen (→ *Investment Grade*), Ramschanleihen (→ *Junkbonds*) und Anleihen, bei denen Zahlungsausfälle unmittelbar bevorstehen (Distressed Debt).

Ratingagentur	Investment Grade	Junkbonds	Zahlungsgefährdet
Standard & Poor's; Fitch	AAA bis BBB-	BB+ bis CCC-	CC bis D
Moody's	Aaa bis Baa3	Ba1 bis Caa3	Ca bis C

Bonitätsrisiko

Als Bonitätsrisiko wird das Risiko bezeichnet, das die in jedem Einzelfall bestehende Wahrscheinlichkeit angibt, dass der → *Emittent* eines Zinspapiers bis zum Ende der → *Laufzeit* seinen Verpflichtungen gegenüber den Anlegern nachkommt. Je schlechter die → *Bonität* eines Emittenten eingeschätzt wird, desto höher ist das Verlustrisiko infolge eines Zahlungsausfalls. Bewertet wird das Bonitätsrisiko durch ein → *Rating* einer externen Agentur.

Börse

Als Börsen werden Märkte bezeichnet, auf denen bestimmte handelbare Güter (Waren, → *Wertpapiere*, Edelmetalle, → *Devisen*, Unternehmensanteile, Kreditverbriefungen usw.) gehandelt werden. Oftmals wird das Wort synonym für Aktienbörsen gebraucht. Die wichtigste Aktienbörse der Welt ist die → *New York Stock Exchange* an der → *Wall Street*. Weitere wichtige Handelsplätze sind Tokio, London, Hongkong und die amerikanische Nasdaq. In Deutschland ist besonders im Aktienhandel die Deutsche Börse in Frankfurt führend, wohingegen Stuttgart sich im Optionsscheinhandel, Hamburg im Fondshandel und Hannover im Warenterminhandel etabliert hat. Daneben gibt es noch Regionalbörsen in Köln-Düsseldorf, Berlin und München. Das Wort Börse leitet sich vom lateinischen „bursa" ab (Ledertasche). Die heutige Bezeichnung für einen Handelsplatz geht auf die in Brügge ansässige Kaufmannsfamilie van der Beurse zurück, in deren Haus ab dem 16. Jahrhundert Kaufleute regelmäßig zu → *Geld*-, Waren- und Wechselgeschäften zusammenkamen.

Börsenaufsicht

Der Handel an der → *Börse* wird i. d. R. von staatlichen Institutionen überwacht. Sie ermitteln beim Verdacht von Unregelmäßigkeiten und verhängen Sanktionen beim Verstoß gegen die gesetzlichen Auflagen, denen der Handel unterliegt. In Deutschland obliegt dies der Bundesanstalt für Finanzdienstleistungsaufsicht (→ *BaFin*), auf europäischer Ebene der Europäischen Wertpapier- und Marktaufsichtsbehörde ESMA, in den USA der United States Securities and Exchange Commission (SEC).

Börsencrash

Unter einem Börsencrash (veraltet: Börsenkrach) wird der drastische Verfall der → *Kurse* innerhalb einer vergleichsweise kurzen Zeitspanne verstanden. Er gilt meistens als Vorbote oder Ausdruck einer Wirtschaftskrise, oft in Zusammenhang mit einem Anstieg der → *Zinsen* am → *Anleihemarkt*. Der berühmteste Börsencrash ist der Kurssturz an der New Yorker → *Börse* am 24. Oktober 1929. Er riss alle übrigen Finanzplätze mit sich und läutete die Weltwirtschaftskrise ein. Am 19. Oktober 1987 kam es ebenfalls zu einem dramatischen Kurseinbruch an der New Yorker Börse, der auch an den übrigen Börsen einen starken Rückgang der Kurse an einem einzigen Tag bewirkte. Auch der starke Kursverfall zu Beginn der Corona-Krise zwischen dem 19. Februar und dem 20. März 2020 wird als „Corona-Crash" bezeichnet. Daneben gibt es den sogenannten „Flashcrash" vom 6. Mai 2010, als der S&P-500-Index innerhalb von 6 Minuten um fast 6 Prozent fiel, sich dann aber innerhalb von 20 Minuten wieder etwas erholte.

Börsenmantel

Ein Börsenmantel besteht aus den handelbaren → *Aktien* einer Gesellschaft, die keinen operativen Geschäftsbetrieb hat. An den deutschen → *Börsen* handelt es sich dabei i. d. R. um Gesellschaften, die entweder insolvent wurden oder den Geschäftsbetrieb verkauft oder auf andere Weise eingestellt haben. Weniger verbreitet sind sogenannte „Blind Pools", auch als SPAC (Special Purpose Acquisition Company) bezeichnet. Dabei handelt es sich um Börsenmäntel, die von vornherein als solche angelegt wurden und nie einen operativen Geschäftsbetrieb hatten. Börsenmäntel lassen sich durch Erwerb eines bestehenden, nicht als Aktiengesellschaft organisierten Unternehmen nutzen, um rasch eine Börsennotierung zu erhalten. Zu diesem Zweck wird der Börsenmantel im Rahmen einer Unternehmensübernahme erworben und der Geschäftsbetrieb in Form einer → *Kapitalerhöhung* als Sacheinlage eingebracht.

Börsenordnung

Sie bildet als die von der jeweiligen Landesregierung genehmigte Satzung die Geschäftsgrundlage der einzelnen → *Börse* und enthält Bestimmungen zur Organisation der Börse, Kursveröffentlichung, Zusammensetzung und Wahl der Börsenorgane.

Börsenprospekt

Vor Zulassung eines → *Wertpapiers* zum Handel an einer → *Börse* hat das entsprechende Unternehmen bzw. das für dieses tätig werdende Kreditinstitut die Öffentlichkeit in bestimmten überregionalen Zeitungen (Börsenpflichtblättern) über die beabsichtigte Einführung an der Börse zu informieren. Zu diesem Zweck muss bei Zulassung zu den wichtigeren und stärker regulierten Handelssegmenten ein Börsen- oder Emissionsprospekt vorgelegt werden. Dieser muss u. a. Informationen zum bisherigen und erwarteten Geschäftsverlauf enthalten, zur Produktpalette, letzten → *Bilanz* u. a. m. Falsche oder unzutreffende Angaben können Ansprüche geschädigter Anleger gegenüber den die → *Emission* betreibenden Beteiligten begründen.

Börsentrend

Die allgemeine Richtung, die ein Wertpapiermarkt zum gegebenen Zeitpunkt aufweist und in standardisierten Formeln ausgedrückt werden kann. Börsentendenzen sagen dem Anleger, ob die Wertpapierkurse steigen oder fallen. Geläufige Tendenzbezeichnungen für geringe Kursveränderungen sind gehalten, gut behauptet, knapp behauptet oder widerstandsfähig. Ansteigende bis stark ansteigende → *Kurse* werden als freundlich oder fest bezeichnet; fallende bis stark fallende Kurse als nachgebend oder schwach. Halten solche Tendenzen über einen längeren Zeitraum an, spricht man von einem Börsentrend.

Bottom Fishing

Frei übersetzt der Versuch, eine → *Aktie* vom Boden „abzufischen“. Hat eine Aktie einen längeren und/oder steileren Abwärtstrend mit Kursverlusten von mindestens 50 Prozent hinter sich gebracht, wird beim Bottom Fishing der Versuch unternommen, eine Zone (einen Boden) in der Kursentwicklung zu finden, bei dem die → *Kurse* wieder in einen Aufwärtstrend bzw. Seitwärtstrend drehen. Fast immer findet dies noch vor der wirtschaftlichen Wende beim betreffenden Unternehmen statt. Bliebt diese aus, können weitere Verluste die Folge sein, ohne dass es zuvor eine spürbare Erholung gegeben hat.

Bottom-Down-Schein

Ein Bottom-Down-Schein gehört zu den exotischen Optionsscheinen. In den Bedingungen ist ein Schwellenwert (Bottom) vereinbart. Bleibt der → *Bezugskurs* während der gesamten Laufzeit (europäische Ausübung) unterhalb dieses Schwellenwerts, so erhält der Besitzer des → *Optionsscheins* eine festgelegte Rückzahlung. Steigt der Bezugskurs über den Schwellenwert, so verfällt der Schein wertlos (siehe auch: → *Bottom-Up-Schein*).

Bottom-Up-Ansatz

Anlagestrategie von → *Aktien*-Investmentfonds-Managern, bei der zunächst das Wachstumspotenzial einzelner Unternehmen analysiert wird. Anschließend werden die Chancen in der entsprechenden Branche und im Gesamtmarkt bewertet. Diese Analyse ist Grundlage der Transaktionsentscheidung im konkreten Fall. Gegenteil: → *Top-Down-Ansatz*

Bottom-Up-Schein

Ein Bottom-Up-Schein gehört zu den exotischen Optionsscheinen. In den Bedingungen ist ein Schwellenwert (Bottom) vereinbart. Zum Laufzeitende wird für jeden Börsentag, an dem der → *Schlusskurs* des → *Basiswerts* oberhalb der Schwelle geblieben ist, ein bestimmter Betrag ausbezahlt. Angesammelte Beträge bleiben erhalten (siehe auch: → *Bottom-Down-Schein*).

Branchen-Fonds

→ *Investmentfonds*, dessen → *Vermögen* ausschließlich oder überwiegend in → *Aktien* einer bestimmten Branche (Industriezweig oder Wirtschaftssektor) angelegt wird, z. B. in Rohstoff- oder Biotechnologie-Aktien.

Brief

Kurszusatz, der mit dem Symbol „B“ angezeigt wird. Zum angegebenen → *Kurs* lagen nur Verkaufsangebote im entsprechenden → *Wertpapier* vor, → *Umsatz* kam mangels Nachfrage aber nicht zustande (vgl. → *Kurszusätze*). Das Zeichen „bB“ (bezahlt Brief) zeigt an, dass Aufträge abgewickelt wurden, jedoch nach wie vor Angebot besteht. Gegenteil: → *Geld* („G“)

Briefkurs

Der Preis bzw. → *Kurs*, zu dem Verkäufer bereit sind, → *Wertpapiere* zu verkaufen. Im Gegensatz hierzu ist der → *Geldkurs* der Kurs, zu dem Käufer bereit sind, Wertpapiere zu kaufen. Für die Begriffe Briefkurs und Geldkurs werden auch oft die englischen Begriffe „Ask“ und „Bid“ verwendet.

Broker

Englischsprachige Bezeichnung für Wertpapiermakler, die auch Privatkundschaft haben und nicht nur Wertpapieraufträge ausführen, sondern auch Beratungs- und Finanzdienstleistungen anbieten.

Bruttodividende

Ausschüttung einer → *Aktiengesellschaft* an die → *Aktionäre* einschließlich der zu entrichtenden Körperschaftsteuer. Die veröffentlichte → *Dividende* (Bardividende) ist aus Sicht der Aktiengesellschaft eine → *Nettodividende* (ohne Körperschaftsteuer), aus Sicht des Aktionärs jedoch eine Bruttodividende, auf die noch Einkommensteuer zu entrichten ist.

Bruttosozialprodukt

Heute Bruttonationaleinkommen genannt, misst das Bruttosozialprodukt das Einkommen der Inländer einer Volkswirtschaft. Früher als Maßzahl für den Reichtum einer Volkswirtschaft und in seiner Veränderung der Wachstumsrate zugrundeliegend, wurde es vom Bruttoinlandsprodukt abgelöst. Dieses gibt die im Land erwirtschaftete Leistung an, unabhängig vom Wohnsitz der Wirtschaftssubjekte. Das Bruttosozialprodukt missachtet die ins Ausland geflossenen Einkommen und rechnet die aus der übrigen Welt empfangenen Einkommen hinzu.

Buchwert

Der Buchwert einer Gesellschaft ergibt sich aus der Summe der Vermögenswerte abzüglich der Schulden und entspricht im Wesentlichen ihrem Eigenkapital. Er gibt die Substanz eines Unternehmens wieder, kann aber auch irreführend sein. Besitzt ein Unternehmen eine Immobilie und

Grundstücke oder einen teuren Maschinenpark, kann der Buchwert sehr hoch ausfallen, obwohl damit weder etwas über den operativen Wert noch über die Mittelentstehung gesagt ist. Die Vergleichbarkeit über Branchen hinweg ist nicht möglich. Zudem sind Buchwerte bewertungsabhängig und können überzeichnet sein.

Buchwert je Aktie

Der → *Buchwert* je → *Aktie* berechnet sich als Quotient aus dem Buchwert und der gesamten → *Aktienanzahl* der Gesellschaft. Man dividiert den Buchwert durch die Aktienanzahl und erhält somit den Buchwert je Aktie. Diese Kennzahl findet i. d. R. keine so große Beachtung wie das → *Kurs-Gewinn-Verhältnis (KGV)* oder das → *Kurs-Cashflow-Verhältnis (KCV)*. Sie gilt als Kennziffer der Substanz eines Unternehmens.

Bull Beta

Das Bull → *Beta* beschreibt das Verhalten des Preises eines Fondsanteils bei steigenden Märkten. Es misst die Veränderung des Ertrags der Investition relativ zur positiven Veränderung des Vergleichsmaßstabs (→ *Benchmark*). Ein positives Bull Beta impliziert einen Anstieg des Fondspreises als Reaktion auf einen steigenden Index, ein negatives Bull Beta ein Sinken des Preises. Der Wert des Bull Beta zeigt die Elastizität des Fondspreises.

Bulle, bullish, Bullenmarkt

Wird an den → *Börsen* mit steigenden → *Kursen* gerechnet, so wird die Stimmung als „bullish" bezeichnet. Der entsprechende → *Markt* wird „Bullenmarkt" genannt. Der Bulle gilt als Sinnbild der Aufwärtsbewegung, weil er stets mit den Hörnern von unten nach oben stößt. Gegensatz: → *Bären, bearish, Bärenmarkt*

Bundesbank

Die Deutsche Bundesbank ist eine eigenständige und politisch unabhängige Institution, deren Aufgabe bis zur Einführung des Euro die Versorgung der Wirtschaft mit → *Geld* (durch Steuerung der → *Leitzinsen* → *Diskont*-, Lombard- und Mindestreservesatz), die Sicherung der Stabilität der Währung und die Unterstützung der wirtschaftlichen Entwicklung war. In den Ländern wird die Bundesbank von den Hauptverwaltungen, früher Landeszentralbanken, unterstützt. Ihre geldpolitischen Aufgaben hat die Bundesbank zum 30. April 2002 an die EZB abgetreten, sodass ihr heute vor allem die Beobachtung des Finanzwesens obliegt.

BVI-Methode

Verfahren zur Berechnung der Wertentwicklung eines → *Investmentfonds*, die vom Verband der Fondsbranche, dem BVI (Bundesverband Deutscher → *Investmentgesellschaften*), verwendet wird. Alle Kosten auf Fondsebene wie → *Management*- oder → *Depotbankgebühren* werden berücksichtigt, nicht jedoch individuell unterschiedliche Einflussfaktoren wie → *Ausgabeaufschlag* oder Depotgebühren.

Vornehmlich um → *Ausschüttende* und → *Thesaurierende Fonds* vergleichbar zu machen, wird die Wertentwicklung eines → *Fonds* in drei Schritten berechnet: Zuerst wird die Zahl der Anteile berechnet, die ein Anleger am Ende des Betrachtungszeitraums besitzen könnte, wenn er zu Beginn der Periode einen einzigen Anteil hält und für den Gegenwert der Ausschüttungen Anteile kauft. Um die Anzahl der Anteile zu berechnen, die der Fondsanleger kaufen kann, werden die Ausschüttungen durch den Anteilswert am jeweiligen Geschäftstag dividiert. Die Summe aus dem ursprünglichen Anteil und den neuen Anteilen wird dann mit dem aktuellen Anteilswert am Ende des Betrachtungszeitraums multipliziert. Im dritten Schritt wird die prozentuale Änderung des Anteilwerts berechnet: (Neuer Anteilswert - Alter Anteilswert) / Alter Anteilswert x 100). Es wird zudem angenommen, dass das eingesetzte Kapital hundertprozentig zur Anlage kommt. Die so errechnete Wertentwicklung eines → *Fonds* entspricht i. d. R. nicht dem tatsächlichen Anlageergebnis, ermöglicht jedoch den Vergleich der Managementleistung verschiedener Fonds mit ähnlichem Anlageschwerpunkt, ohne dass diese durch die Gebührengestaltung verzerrt wird.

Call

Eine → *Kaufoption* (Call) gewährt dem Käufer das vertraglich zugesicherte Recht, einen bestimmten → *Basiswert* zu vorher festgelegten Konditionen (Termin, Preis usw.) erwerben zu können. Der Kontrahent dieses Vertrags wird → *Stillhalter* genannt, weil er bis zum Ablauf des Zeitraums für die Ausübung der → *Option* (→ *Verfallstermin)* den Bezugswert jederzeit liefern können muss, also veroptionierte Werte nicht veräußern darf. Dafür erhält er vom Erwerber des Call eine → *Prämie*, die zumeist über dem Ertrag vergleichbarer Anlagen am → *Kapitalmarkt* liegt. Der Käufer rechnet mit steigenden → *Kursen*. Er kann die Option entweder an einen Dritten verkaufen oder übt sie bis zum Verfallstermin aus. Sein Risiko ist auf seinen Einsatz, die Prämie, begrenzt. Der Verkäufer rechnet dagegen mit eher gleichbleibenden oder geringfügig fallenden Kursen. Wird eine Kaufoption nicht ausgeübt, verfällt sie wertlos. Gegensatz: → *Put*

Cap

Ein Cap ist die vertragliche Vereinbarung einer Zinsobergrenze, der ein nomineller Kapitalbetrag zugrunde liegt. Übersteigt der Referenzzinssatz am Festlegungstermin den Cap, so ist der Verkäufer verpflichtet, dem Käufer die Differenz zwischen Referenzzinssatz und Zinsobergrenze zu zahlen. Die fälligen Zahlungen werden am Tag der Zinsperioden unter Berücksichtigung der Anzahl der Tage geleistet. Der Käufer eines Caps zahlt hierfür eine → *Prämie* an den Verkäufer, entweder in Form einer Einmalprämie oder in regelmäßigen Zahlungsschritten.

Als Cap wird bei → *Zertifikaten* auch eine Obergrenze bezeichnet, bis zu der der Inhaber vom → *Emittenten* am → *Gewinn* eines → *Basiswerts* beteiligt wird.

CAPM

Capital-Asset-Pricing-Model. Diese Portfolio-Theorie besagt, dass in effizient funktionierenden Märkten, in denen jede Information schon in die Preise eingeflossen ist, ein Mehr an Ertrag nur durch ein Mehr an Risiko erkauft werden kann.

Cashflow

Der Cashflow ist eine aus dem angelsächsischen Raum stammende Gewinnkennzahl der Unternehmensanalyse. Er beschreibt die Veränderung der liquiden Mittel in einer Abrechnungsperiode. Seine Höhe ergibt sich im Wesentlichen aus der Addition von → *Jahresüberschuss*, Steuern vom Ertrag und Einkommen, → *Abschreibungen* sowie Veränderungen der langfristigen Rückstellungen. Aus seiner Höhe und Entwicklung lassen sich Rückschlüsse auf die Qualität der Finanzierung eines Unternehmens ziehen. Eine wichtige Größe zur → *Aktienanalyse* ist das KCV (→ *Kurs-Cashflow-Verhältnis*).

CDO

Ein CDO oder Collateralized Debt Obligation ist eine → *Schuldverschreibung*, die von einer Zweckgesellschaft ausgegeben wird und deren Schuldendienst (→ *Zins* und → *Tilgung*) durch einen Pool von → *Verbindlichkeiten* bestritten werden soll. Dabei handelt es sich um Kredite (→ *CLO*) oder Anleihen (CBO). Die Qualität eines CDO hängt von der Qualität der zugrunde liegenden Verbindlichkeiten ab. CDOs waren eine wichtige Ursache der → *Finanzkrise*, weil die Qualität der zugrunde liegenden Immobilienkredite generell in Zweifel gezogen wurde. Zudem waren die Instrumente höchst intransparent, zum Teil mehrfach verschachtelt, indem CDOs mit CDOs besichert wurden.

CDS

Ein CDS oder Credit Default → *Swap* ist ein handelbarer → *Kontrakt* zur → *Absicherung* des Ausfallrisikos einer Forderung, etwa eines Kredits oder einer → *Anleihe*. Der Sicherungsnehmer zahlt dabei eine einmalige (Upfront) sowie eine laufende (→ *Spread-*)→ *Prämie*. Die Spreads gelten als Indikator für die → *Bonität* eines Kreditnehmers.

CFD

CFDs (Contracts for Difference, → *Differenzgeschäfte*) sind → *Derivate*, die nicht auf dem Preis des → *Basiswerts* beruhen, sondern auf dessen Veränderung. Sie bieten den Vorteil, dass mit einem Bruchteil des Kapitaleinsatzes gehandelt werden kann, zumeist → *Aktien*, Indizes, Rohstoffe. Positionen werden „auf Marge gekauft". Das bedeutet, dass der Anleger nur eine Sicherheitseinlage einschießt und so seinen Einsatz mit einem entsprechenden → *Hebel* versieht. Dabei kann er sowohl auf steigende → *Kurse* setzen (long gehen) oder auf fallende (short gehen). Grundsätzlich sind die Laufzeiten unbegrenzt, allerdings haben die

→ *Broker* die Möglichkeit, bei steigenden Verlusten eines → *Depots* Nachschussleistungen zu verlangen oder Positionen zu schließen. In Deutschland dürfen die Hebel von CfDs, die von Privatanlegern gekauft werden, bestimmte Höhen nicht überschreiten. Auch das Fordern von Nachschüssen ist untersagt.

Chart

Ein Chart ist die grafische Darstellung der historischen Kursentwicklung eines → *Wertpapiers*. Zu unterscheiden sind verschiedene Darstellungsarten wie Linien-, Balken-, Point & Figure-, Candle-Stick-Charts u. a.

Chartanalyse

Die Chartanalyse untersucht Kurvenverläufe und Verlaufsformationen von → *Charts*, um daraus Aussagen über die zukünftige Kursentwicklung eines → *Wertpapiers* zu gewinnen. Dabei werden i. d. R. die Umsätze berücksichtigt, fundamentale Daten fließen nicht ein. Der Chartanalytiker versucht, Widerstands- und Unterstützungszonen, Durchschnittslinien und typische Kursformationen ausfindig zu machen, um so den günstigsten Zeitpunkt für Kauf oder Verkauf ausfindig zu machen. Obwohl die theoretische Relevanz der Chartanalyse bislang weder eindeutig nachgewiesen noch widerlegt werden konnte, hat sie praktisch dadurch Einfluss auf die → *Kursbildung* gewonnen, dass eine große Zahl von Anlegern ihr diese Relevanz beimisst. Daher sollte die Chartanalyse bei eigenen Dispositionen berücksichtigt werden.

Churning

Unter Churning („Buttern“) wird das häufige Umschichten eines → *Depots* durch einen Vermögensverwalter verstanden. Ziel ist die Erzielung möglichst hoher Gebühren zulasten des Anlegers.

Clearstream

Die Clearstream International S.A. entstand als Tochterunternehmen der Deutsche Börse AG Clearstream im Jahr 2000 aus der Fusion der Abwicklungsorganisation Cedel International und der Deutsche Börse Clearing AG, die bis zum Wechsel der Trägerschaft von den deutschen Kreditinstituten zur Deutschen Börse AG im Jahr 1997 Deutsche Kassenverein AG hieß. Clearstream obliegt die zentrale Verwaltung und Verwahrung von Wertpapiergeschäften bzw. → *Effekten* in Deutschland und anderen Ländern. Zu ihren wichtigsten Aufgaben zählt die Durchführung des Wertpapiergiroverkehrs, die Wertpapierleihe und insbesondere die Abwicklung der an der Börse getätigten Geschäfte. Dazu gehören auch der Einzug und die Verteilung von Erträgen (→ *Kupons*) der verwahrten → *Wertpapiere*.

Climax-Indikator

Der Climax-Indikator dient der Beurteilung des Gesamtmarkts. Aus einer Anzahl den → *Markt* repräsentierender → *Aktien* wird für jede Aktie der sogenannte → *On-Balance-Volume*-Wert errechnet. Nun wird von der Anzahl derjenigen Aktien, die einen neuen Höchstwert erreicht haben, der entweder eine überkaufte oder überverkaufte Situation repräsentiert, die Anzahl der Aktien subtrahiert, die einen neuen Tiefstwert erreicht haben. Eine kontinuierliche Fortsetzung dieser Rechnung ergibt die Climax-Linie. Der Techniker leitet nun aus dem Verlauf des → *Aktienindex* und der Climax-Linie Handelssignale ab, die Rückschlüsse über die technische Stärke der Kursbewegung zulassen. Laufen beide Linien in entgegengesetzte Richtungen, lässt dies auf eine technische Schwäche schließen.

CLO

Ein CLO oder Collateralized Loan Obligation ist ein → *CDO*, dessen Deckungspool aus Krediten an Unternehmen oder Staaten besteht.

Collar

Ein Collar ist die vertragliche Vereinbarung einer Obergrenze und einer Untergrenze für den Preis eines Geschäfts mit dauerhaften Zahlungsströmen. Übersteigt der Referenzwert die vertraglich festgelegte Obergrenze (→ *Cap*), so zahlt der Verkäufer dem Käufer des Collars die Differenz zwischen Referenzwert und Obergrenze. Fällt der Referenzwert unter die vereinbarte Untergrenze (→ *Floor*), so muss der Käufer des Collars dem Verkäufer die Differenz zum Referenzwert erstatten. Bei einem bilateralen Geschäft, z. B. im Energiebereich, kauft i. d. R. jeweils eine Vertragspartei einen Teil der Kombination und verkauft den anderen Teil. So kauft etwa eine Partei den → *Cap* und verkauft gleichzeitig den Floor. Dadurch können die Kosten des Geschäfts während der Laufzeit im Rahmen zwischen Cap und Floor gehandelt werden. Im Kreditgeschäft ist es möglich, die Kosten eines Cap zu senken, indem sich der Käufer durch den Floor zur Zahlung eines Mindestzinses verpflichtet.

Commercial Paper

Als Commercial Paper (→ *Geldmarktpapiere*) werden Unternehmensanleihen guter → *Bonität* mit einer → *Laufzeit* von weniger als einem Jahr, meist weniger als 270 Tagen, bezeichnet.

Compartements

Bezeichnung für die Unterfonds eines → *Umbrella*-Fonds.

Contango

Die Preise für Waren im → *Terminhandel* weichen i. d. R. von denen im → *Kassahandel* ab. In einem vollkommenen → *Markt* sollten sie genau um die Kosten der Lagerhaltung und → *Zinsen* (sogenannte „Cost of carry“) höher sein. Eine Situation, in der die Terminpreise über den → *Kassapreisen* liegen, wird als Contango bezeichnet. Übersteigt die Preisdifferenz die Cost of Carry, bedeutet dies, dass Marktteilnehmer mit steigenden Preisen rechnen, weil sie von einem Nachfrageanstieg oder einem sinkenden Angebot ausgehen.

Contract for Difference

Siehe → *Differenzkontrakte*

Coppock-Indikator

Der Coppock-Indikator ist ein modifizierter, linear gewichteter gleitender Durchschnitt, der in der → *Chartanalyse* verwendet wird. Er besteht in der Addition zweier langfristiger → *Momentum*-Linien. Als Datenpunkte dienen zwei Reihen prozentualer Kursveränderungen des Werts über eine Anzahl von n Tagen, bezogen auf unterschiedliche Zeiträume. Daraus wird ein gleitender Durchschnitt gebildet, indem der neueste Wert am stärksten, der älteste Wert der n Tage umfassenden Periode am geringsten gewichtet wird. Das Ergebnis ist der Coppock-Indikator, der um die Nulllinie oszilliert. Er dient zum Erkennen langfristiger (mehrjähriger) → *Trends*. Der Indikator liefert ein Kaufsignal, wenn er nach einem längeren Rückgang nach oben dreht. Die Umkehr sollte unterhalb der Nulllinie stattfinden. Ein Verkaufssignal entsteht, wenn der Coppock nach einem längeren Aufstieg nach unten dreht, wobei die Umkehr über der Nulllinie stattfinden muss. Auf Kaufsignale sollte man umgehend reagieren, während man sich im Falle eines Verkaufssignals durchaus noch etwas Zeit lassen kann.

Cornern

In der angelsächsischen Börsensprache bezeichnet „Cornern" die konzertierte Aktion eines oder mehrerer Großspekulanten mit dem Ziel, einen Engpass auf einem → *Markt* zu erzeugen, um so den Preis diktieren zu können bzw. die → *Kurse* in die Höhe zu treiben.

Cost-Average-Effekt

Der Cost-Average-Effekt (Durchschnittskosteneffekt) beschreibt die Folge der Verteilung einer Investition in eine Anlage über einen längeren Zeitraum. In diesem Fall werden bei fallenden → *Kursen* mehr Anteile und bei steigenden Kursen weniger Anteile erworben, sodass die Anteile zu einem Durchschnittspreis erworben werden, der zwar über dem günstigsten Preis der Betrachtungsperiode, aber auch unter dem ungünstigsten Preis liegt. Dadurch wird das Problem des richtigen Einstiegszeitpunkts (→ *Timing*) auf einen Zeitraum ausgedehnt, wodurch zwar die Folgen von Timing-Fehlern verringert, aber auch gleichzeitig die Vorteile eines richtigen Timings verloren gehen. Damit bewegt sich der Ertrag der Investition zwischen dem einer Einmalinvestition zum günstigsten bzw. zum ungünstigsten Einstiegszeitpunkt.

Courtage

Vermittlerprovision des Maklers bei Abschluss eines Börsengeschäfts. Sie wird i. d. R. in Promille des → *Kurswerts* (bei festverzinslichen → *Wertpapieren* vom → *Nennwert*) berechnet.

Covered Bonds

Covered Bonds sind Schuldverschreibungen, die durch einen Verbindlichkeitenpool gedeckt werden, der aus Hypothekendarlehen oder öffentlichen Darlehen besteht und der den Inhabern im Fall der Zahlungsunfähigkeit eine vorrangige Befriedigung ihrer Ansprüche aus diesem

Pool garantiert. Wie diese Garantie sowie andere Merkmale ausgestaltet sind, hängt vom Rechtsrahmen ab, unter dem ein Covered Bond begeben wird. Die spezifisch deutsche Variante des Covered Bond ist der → *Pfandbrief*.

Covered Warrants

Covered → *Warrants* (gedeckte → *Optionsscheine*) sind ursprünglich von Emissionshäusern herausgegebene Optionsscheine auf → *Aktien*, die das Recht zum physischen Bezug von Aktien verbriefen, die der → *Emittent* erworben hat bzw. das Recht auf → *Lieferung* derselben. Mittlerweile wird auf diesen Deckungsbestand verzichtet und die Positionen durch Finanztransaktionen abgesichert. Darüber hinaus werden mittlerweile auch Optionsscheine als Covered Warrants bezeichnet, bei denen statt der physischen Lieferung ein → *Barausgleich* möglich ist.

Dachfonds

Auch Funds of Funds genannt, enthält ein Dachfonds Anteile an anderen → *Fonds* (→ *Zielfonds*), die i. d. R. keine Dachfonds sind. Es dürfen maximal 20 Prozent des → *Fondsvermögens* in Anteilen eines einzigen → *Investmentfonds* angelegt werden. Weiterhin dürfen nicht mehr als höchstens 10 Prozent der ausstehenden Anteile eines → *Zielfonds* erworben werden. Dachfonds bieten den Vorteil einer größeren Risikostreuung. Durch die auf die Fonds-Investments entfallenden Gebühren sind sie aber i. d. R. teurer als herkömmliche Investmentfonds.

Dart

Ein Dart-Schein ist eine exotische Optionsscheinform. In den Bedingungen sind mehrere Kursspannen (Ranges) vereinbart. Für jeden Tag (Handels- oder Kalendertag), an dem der → *Basiswert* in einer dieser Spannen bleibt, erhält der Besitzer des → *Optionsscheins* eine in den Bedingungen festgelegte Auszahlung. Der Betrag ist für jede Range ein anderer.

Dax

Der Dax (Deutscher → *Aktienindex*) ist der bekannteste Börsenindex für den deutschen → *Markt* . Er wird von der Deutschen → *Börse* aus den → *Kursen* der 40 umsatzstärksten deutschen → *Aktien* berechnet und ist der meist beachtete Indikator für die Entwicklung des Markts. Er ist im Gegensatz zum → *F.A.Z.-Index* ein → *Performance-Index* und somit mit anderen internationalen Börsen nicht wirklich vergleichbar. Die Zusammensetzung wird regelmäßig viermal jährlich durch den → *Vorstand* der Deutsche Börse AG auf Empfehlung des Arbeitskreises Aktienindizes überprüft.

Deckungsmasse

Pool von pfandrechtlich besicherten Krediten, aus denen eine Schuldverschreibung (→ *Pfandbrief*) bei einem Zahlungsausfall des → *Emittenten* vorrangig bedient wird. Die Höhe der Deckungsmasse im Verhältnis zum → *Nominalwert* des Pfandbriefs unterliegt den gesetzlichen Regeln des Pfandbriefgesetzes. Der Barwert des Pfandbriefs muss jederzeit abgesichert sein, die Deckungswerte müssen diesen Barwert um 2 Prozent übersteigen. Die Berechnung des Barwerts ist in der Pfandbrief-Barwertverordnung geregelt und berücksichtigt Zins- und Wechselkursänderungen, denen die Besicherung standhalten muss. Der Gesamtbetrag des umlaufenden Pfandbriefs darf nur durch → *Hypotheken* in mindestens gleicher Höhe und mindestens gleichem Zinsertrag gedeckt sein. Die Deckungswerte müssen sich in der EU, dem Europäischen Wirtschaftsraum (EWR) oder der Schweiz, den USA, Kanada oder Japan befinden und in ein Deckungsregister eingetragen werden. Immobilien, Schiffe und Flugzeuge dürfen nur bis zur Höhe von 60 Prozent des Beleihungswerts beliehen werden. Die Einhaltung der Vorschriften wird durch einen von der Finanzaufsicht → *BaFin* bestellten Treuhänder überwacht. Die Sicherheiten stellen ein → *Sondervermögen* dar.

Deckungsstock

Summe der einzelnen → *Deckungsmassen* von Pfandbriefen.

Deflation

Unter Deflation versteht man das anhaltende Sinken des Preisniveaus einer Gütergruppe oder des gesamtwirtschaftlichen Preisniveaus. Es resultiert daraus, dass die Nachfrage dauerhaft unter dem Angebot liegt, also nachhaltige Überkapazitäten bestehen. Erfahrungsgemäß geht eine Deflation mit einer Verringerung der umlaufenden → *Geldmenge* und/oder der Umlaufgeschwindigkeit des → *Geldes* einher. Gegenteil: → *Inflation*

Delta

Das Delta drückt die absolute Sensitivität des theoretischen Optionswerts in Abhängigkeit von der Änderung des Preises des → *Basiswerts* aus. Das Delta variiert bei → *Kaufoptionen* (→ *Calls*) zwischen null und eins, bei Verkaufsoptionen (→ *Puts*) zwischen null und minus eins. Eine Kaufoption mit einem Delta von 0,5 steigt beim Anstieg des Preises des zugrunde liegenden Basiswerts von 1 Euro um 0,50 Euro. Die Höhe des Delta ist von der → *Moneyness* des → *Optionsscheins* abhängig und verändert sich mit den Kursveränderungen des Basiswerts. Je tiefer ein Optionsschein im Geld ist, desto höher ist sein Delta.

Demand-Index

Mit dem Demand-Index sollen auf Basis von Volumen- und Kursdaten Wechsel im Kursverlauf prognostiziert werden. Grundlage ist die Beobachtung, dass vor Trendwechseln der → *Kurse* häufig Wechsel im Volumen stattfinden. Der Demand-Index wird als Quotient aus Kaufkraft und Verkaufsdruck berechnet, wonach bei einem Wert von mehr als eins mit steigenden Kursen gerechnet wird. Charttechniker leiten aus dem Verlauf des Aktienkurses und des Demand-Index die technische Stärke der Kursbewegung bzw. Handelssignale ab. Laufen beide Linien in entgegengesetzte Richtungen, lässt das auf technische Schwäche schließen. Gewöhnlich folgt einer extremen Spitze im Demand-Index eine weitere Rally des Kurses zu einem neuen Hoch. Der Durchbruch der Demand-Index-Linie durch ihren → *Trend* gilt als Trendwendesignal.

Denominierung

Angabe der Währung, in der ein Finanzinstrument (→ *Schuldverschreibung*, → *Investmentfonds* o. ä.) aufgelegt wird.

Depot

Im weiteren Sinne der Ort, an dem → *Wertpapiere* verwahrt und von einer Bank für den Kunden entgeltlich verwaltet werden.

Depotbank

→ *Fondsgesellschaften* dürfen die von ihr aufgelegten → *Sondervermögen* (→ *Fonds*) nicht selbst verwahren, damit diese strikt vom → *Vermögen* der Gesellschaft getrennt bleiben. Die Verwahrungsaufgabe übernimmt die Depotbank. Bei Fondsgesellschaften von Banken übernehmen zumeist die Mutterinstitute diese Aufgabe. Aufgabe der Depotbank sind die Ausgabe und Rücknahme von Anteilscheinen sowie die Prüfung der von der Fondsgesellschaft ermittelten börsentäglichen Ausgabe- und → *Rücknahmepreise*, die Durchführung der Ausschüttungen an die Anteilinhaber, aber auch die Abwicklung des → *Fondsvermögens* im Falle der Auflösung des Fonds.

Depotbankgebühr

Für ihre Verwahrungs- und Verwaltungstätigkeit erhält die → *Depotbank* eine Vergütung, die in Promille des → *Fondsvermögens* bemessen wird. Diese wird aus dem Fondsvermögen bezahlt und geht daher zulasten der Wertentwicklung des → *Fonds*.

Depotstimmrecht

→ *Aktionären* steht auf → *Hauptversammlungen* ein → *Stimmrecht* zu, i. d. R. in Höhe ihres Anteils am → *Aktienkapital*. Verzichtet der Anleger auf die Wahrnehmung des Stimmrechts, kann er dieses entweder nach genau spezifizierten Weisungen oder mittels Pauschalerklärung an die depotführende Bank übertragen.

Derivate

Finanzinstrumente, deren Preise sich nach den Kursschwankungen oder den Preiserwartungen anderer Investments richten. Derivate sind so konstruiert, dass sie die Schwankungen der Preise dieser Anlageobjekte überproportional nachvollziehen. Daher lassen sie sich sowohl zur → *Absicherung* gegen Wertverluste als auch zur → *Spe-*

kulation auf Kursgewinne des → *Basiswerts* verwenden. Zu den wichtigsten Derivaten zählen → *Zertifikate*, → *Optionen*, → *Optionsscheine*, → *Futures* und → *Swaps*.

Deutsche Terminbörse

Die Deutsche Terminbörse (DTB) löste Anfang 1990 den bis dahin an den deutschen → *Börsen* betriebenen Aktienoptionshandel ab, der den Anforderungen eines modernen → *Marktes* nicht mehr entsprach. Sie wurde Ende 1998 durch die → *Eurex* abgelöst.

Devisen

Devisen sind → *Forderungen* auf ausländische Währungen. Sie können aus Guthaben oder Schecks auf ausländische Währungen bestehen. Ausländische Banknoten werden nicht als Devisen, sondern als Sorten bezeichnet.

Devisenbörse

Eine Devisenbörse ist eine → *Börse*, an der Fremdwährungen gehandelt werden. Die dort festgestellten Kurse geben Auskunft über den Wert einer Währung.

Devisenkurs

Der Devisenkurs gibt den → *Kurs* an, zu dem eine Devise gekauft (→ *Geldkurs*/Bid) oder verkauft (→ *Briefkurs*/Ask) werden kann. Von der Differenz (→ *Spread*) profitieren die Börsenmakler oder Banken, die einen Devisenkurs stellen. Je illiquider eine Devise ist, desto höher ist diese Differenz.

Devisenmarkt

→ *Markt* für den Handel mit ausländischen Währungen. Am Devisenmarkt bildet sich der → *Devisenkurs* (Wechselkurs) als Preis (Gegenwert) einer ausländischen Währung im Verhältnis zur inländischen. Der Devisenhandel geht von Wellington (Neuseeland) aus am Montagmorgen (in unserer Zeitzone Sonntagabend) über die ganze Woche bis zum Freitagabend in San Francisco (in unserer Zeitzone samstags morgens) mit der Sonne ununterbrochen im 24-Stunden-Rhythmus um den Globus. Dabei werden täglich bis zu 1 Billion Dollar gehandelt.

Devisen-Future

→ *Devisen*-Futures sind als → *Derivate* vertragliche Verpflichtungen zweier Vertragspartner, eine Devise zu einem bestimmten Zeitpunkt zu einem vorher festgelegten → *Kurs* zu liefern. Kauft man einen Devisen-Future, hat man das Recht, am Ende der Laufzeit eines → *Futures* die Devise zu dem festgelegten Kurs zu erhalten. Verkauft man einen Devisen-Future, muss man die Devise zu diesem Zeitpunkt liefern.

Devisen-Option

Eine → *Devisen*-Option ist die vertragliche Option zweier Vertragspartner, eine bestimmte Devise zu einem bestimmten Zeitpunkt zu einem vorher festgelegten → *Kurs* zu kaufen oder zu verkaufen. Im Unterschied zu einem → *Devisen-Future* erfolgt nie eine physische → *Lieferung*, sodass bei Devisen-Optionen der Kursgewinn stets in Form eines → *Barausgleichs* vom → *Emittenten* ausgezahlt wird.

Differenzgeschäft

Börsentermingeschäft, bei dem nicht → *Lieferung* und Bezahlung eines zugrunde liegenden → *Basiswerts*, etwa Öl oder → *Aktien*, vereinbart werden, sondern nur die Zahlung der Kursdifferenz zwischen einem im Vertragsabschluss vereinbarten Kurs und dem tatsächlichen Kurs am Erfüllungstag vereinbart wird.

Differenzkontrakte

Deutscher Name für → *CFDs* (Contracts for Difference)

Disagio

Auch Wertpapierabgeld genannt, handelt es sich bei der Neuausgabe von → *Wertpapieren* um diejenige Geldsumme, um den der → *Ausgabepreis* den Nennbetrag unterschreitet bzw. der Betrag, um den der Börsenkurs den inneren Wert unterschreitet. Beträgt der → *Nennwert* einer → *Anleihe* 100 Euro und wird diese zu 99,5 Prozent begeben, so beträgt das Disagio 50 Cent. Gegensatz: → *Agio*

Discount-Broker

Discount-→ *Broker* bieten i. d. R. niedrigere Gebühren und Aufschläge im Wertpapierhandel als Filialbanken. Dafür bieten sie i. d. R. keine Beratungs- und andere Dienstleistungen an.

Diskont

Ein Diskont ist ein vorgenommener Abzug von → *Zinsen* auf einen Betrag, der zu einem späteren Termin fällig ist.

Dies geschieht etwa bei Wechseln, die vor Fälligkeitsdatum bei einer Bank eingereicht werden.

Diskontsatz

Der Diskontsatz ist ein von der → *Zentralbank* definierter Zinssatz, zu dem Banken Wechsel verpfänden können. Mit dem Übergang der Zuständigkeit für die Geldpolitik auf die Europäische Zentralbank (EZB) wurde das Diskontgeschäft der Bundesbank eingestellt. Zwar betreiben die amerikanische Zentralbank Federal Reserve und die Bank of Japan noch Diskontgeschäfte, dabei handelt es sich aber nicht um das zentrale Steuerungsinstrument.

Diversifikation

Jedes → *Wertpapier* birgt Gewinnchancen, aber auch Risiken. Unter Diversifikation versteht man Maßnahmen zur Verteilung des Risikos eines Vermögens auf ein Portfolio von Werten, deren Entwicklung möglichst wenig miteinander zusammenhängt. Da sich der Wert der einzelnen Vermögensgegenstände nicht gleichgerichtet entwickelt, sinkt die Schwankungsbreite der Wertentwicklung des gesamten Portfolios. Wenn etwa ein Portfolio aus zwei Aktien mit gleichem Gesamtwert besteht, deren Kurse in einem bestimmten Umfeld um 50 Prozent fallen, beträgt der Gesamtverlust des Portfolios 50 Prozent. Stagniert dagegen der Kurs der einen, beträgt der Gesamtverlust nur 25 Prozent. Andererseits bedeutet Diversifikation auch den Verzicht auf Chancen. Wenn etwa die Kurse beider Aktien in einem bestimmten Umfeld um 50 Prozent steigen können, steigt der Wert des Portfolios stärker, als wenn einer der Kurse stagniert. Indes gibt es neben den titelspezifischen Risiken eines Wertpapiers auch Risiken aus den jeweiligen Wertpapiermärkten (→ *Marktrisiko*) sowie für Anlagen in fremden Währungen ein → *Währungsrisiko*, die für eine Reihe von Titeln gleichgerichtet sein können. Indem die verschiedenen Anlagen innerhalb eines Portfolios unternehmens-, branchen-, länder- und währungsmäßig so gestreut werden, dass diese Zusammenhänge verringert werden, werden Markt- und Währungsrisiken vermindert.

Dividende

Die Dividende ist der auf eine → *Aktie* entfallende Anteil an der Gewinnausschüttung einer Aktiengesellschaft. Der Ausschüttungsbetrag entspricht nicht dem Reingewinn, da dieser vor der Auszahlung durch Zuführungen zu Rücklagen reduziert werden kann. Über die Dividendenhöhe und ihre Auszahlung entscheidet die → *Hauptversammlung* i. d. R. auf Vorschlag des Unternehmens. Während in England und den Vereinigten Staaten die Dividende meist quartalsweise ausgezahlt wird, wird sie in Deutschland regulär jährlich ausbezahlt.

Dividendenabschlag

Am Tag der Dividendenzahlung vorgenommener rechnerischer Abschlag auf die Aktiennotierung in Höhe der → *Bruttodividende*.

Dividendengarantie

Für → *Vorzugsaktien*, deren Inhaber im Gegensatz zu Stammaktionären bei einer Hauptversammlung kein → *Stimmrecht* haben, werden in der Satzung der Gesellschaft häufig Mindestdividenden garantiert. In schlechten Jahren kann diese aber entfallen. In besseren Jahren werden die → *Aktien* mit Dividendengarantie vorrangig bedient, überdies kann ein Nachzahlungsanspruch bestehen.

Dividendenrendite

Die Dividendenrendite ergibt sich aus der Division der → *Dividende* durch den aktuellen Aktienkurs multipliziert mit 100. Sie gibt die Verzinsung des investierten → *Aktienkapitals* je → *Aktie* in Prozent an.

Doppelbesteuerungsabkommen

Zur Vermeidung der doppelten Besteuerung ausländischer Einkünfte im Inland und Einkünften von Ausländern im Inland können Staaten miteinander völkerrechtliche Verträge abschließen. Diese beidseitig verpflichtenden Vertragswerke regeln das Besteuerungsrecht für bestimmte Einkunftsarten und die Aufteilung zwischen den beiden Staaten.

Doppelwährungsanleihen

Bei einer Doppelwährungsanleihe erfolgen Mittelaufbringung und → *Tilgung* nicht in der gleichen Währung. Die Währung, in der die Zinszahlungen erfolgen, wird in den Emissionsbedingungen festgelegt.

Dow-Jones-Index

Der Dow Jones Industrial Average Index (DJII) ist der älteste Börsenindex der Welt und wird von der Nachrichtenagentur Dow Jones seit 1895 ermittelt. Er spiegelt die Kursentwicklung von 30 der bedeutendsten → *Aktien* der amerikanischen → *Börsen* wider. Im Gegensatz zu neueren Indizes sind die Aktien nicht nach → *Marktkapitalisierung* gewichtet, sodass die absolute Höhe des Kurses über die Gewichtung im Index entscheidet. Zudem gibt es keine festgelegten Aufnahmekriterien, die Zusammensetzung wird durch ein unabhängiges Gremium und die Zeitung Wall Street Journal festgelegt.

Down-Up-Perioden

Mittels der Einteilung von Investments nach periodischen Auf- oder Abwärtsbewegungen soll der Ertrag für jeden beliebigen Zeitraum in der Zukunft näherungsweise geschätzt werden. Wenn sich ein Investment über einen Zeitraum von drei Monaten positiv entwickelt und in den drei darauffolgenden Monaten ebenfalls positiv, spricht man von einem Up-Up-Investment. Ist die Entwicklung zunächst positiv und danach negativ, so handelt es sich um eine Up-Down-Anlage. Diese Betrachtung kann als Unterstützung bei Investitionsentscheidungen dienen. Gemäß dieser Theorie empfiehlt es sich, am Ende einer Down-Periode in einen Down-Up-→ *Fonds* zu investieren, da dessen Wertentwicklung in eine Up-Phase übergehen müsste.

Dreifacher Hexensabbat

Dieser im Englischen als „Triple Witching Day“ bezeichnete Tag ist jeweils der dritte Freitag im März, Juni, September und Dezember. Es ist der letzte Handelstag sowohl für den Dax-Future als auch → *Aktien*- und Dax-→ *Optionen*.

Duration

Bindungsdauer des in einem festverzinslichen → *Wertpapier* oder Wertpapiervermögen angelegten Kapitals. Die Duration ist kürzer als die → *Restlaufzeit*, da sich durch zwischenzeitliche Zinszahlungen auf das angelegte Kapital die Amortisationsdauer verkürzt. Sie ist das Maß der Zinssensitivität der → *Anleihen*. Bei → *Nullkuponanleihen* (→ *zero* bonds) entspricht die Duration der Laufzeit, da die Zinszahlungen erst am Ende der Laufzeit anfallen. Sie sind daher besonders zinssensibel.

DVFA-Ergebnis

Ergebnisberechnung nach der Formel der Deutschen Vereinigung für Finanzanalyse und Anlageberatung, die einen exakten Vergleich zwischen verschiedenen Aktiengesellschaften ermöglichen soll und den Jahresgewinn eines Unternehmens, korrigiert um etwaige Sondereinflüsse, widerspiegelt. Das DVFA-Ergebnis wurde bis zur Etablierung internationaler Rechnungslegungsstandards bei Berechnungen des → *Kurs-Gewinn-Verhältnisses* zugrunde gelegt.

Dynamische Absicherung

Bei einer dynamischen → *Absicherung* von Investments werden Stopps, d. h. Kauf- oder Verkaufslimits laufend an den aktuellen → *Kurs* angepasst, in dem sie zumeist als Prozentbeträge angegeben werden.

Ebit

Die Abkürzung Ebit steht für Earnings before interest and taxes und bezeichnet den → *Gewinn* vor → *Zinsen* und Steuern sowie dem außerordentlichen Ergebnis. Es handelt sich daher um eine bereinigte Gewinngröße, die auch als Betriebsergebnis oder operatives Ergebnis bezeichnet wird. Insbesondere im zweiten Fall ist die Gleichsetzung nicht unumstritten, da im Ebit auch Ab- und Zuschreibungen auf das → *Anlagevermögen* enthalten sind.

Ebitda

Die Bezeichnung → *Ebitda* steht für Earnings Before Interests, Taxes, Depreciation and Amortisation und bezeichnet das Ergebnis vor → *Zinsen*, Steuern, → *Abschreibungen* auf Sachanlagen und Abschreibungen auf immaterielle Vermögenswerte. Die Kennzahl soll Vergleiche der operativen Ertragskraft von Gesellschaften ermöglichen, die unter verschiedenen Standards bilanzieren und wird daher auch als operatives Ergebnis bezeichnet. Ihre Aussagekraft ist aufgrund der vielen ausgeklammerten Faktoren hinsichtlich der tatsächlichen Profitabilität eines Unternehmens eingeschränkt, weil viele Kostenarten nicht in Anschlag gebracht werden. Dadurch ist die Kennzahl vergleichsweise leicht manipulierbar.

Ecu

Abkürzung für European Currency Unit (= Europäische Währungseinheit). Der Ecu war ein Vorläufer des Euro und bestand aus einem Währungskorb, in dem die Währungen der Mitgliedsländer eine feste Gewichtung hatten.

Effekten

Sammelbegriff für am → *Kapitalmarkt* handelbare und vertretbare → *Wertpapiere*. Zu ihnen zählen → *Aktien*, → *Anleihen* aber auch → *Derivate* oder → *Optionsanleihen*.

Effektengiroverkehr

Der Effektengiroverkehr zwischen Banken ermöglicht die stückelose Übertragung von → *Effekten*. Die Banken hinterlegen die zur Girosammelverwahrung zugelassenen Stücke bei einer Wertpapiersammelbank, sodass die Effekten buchmäßig übertragen werden können oder registrieren eine virtuelle Urkunde bei einem zentralen Registrar (s. auch → *EWpG*).

Effektenlombardkredit

Unter einem Effektenlombardkredit wird die Beleihung von → *Wertpapieren* verstanden. Diese können i. d. R. nicht bis zum vollen Nominal- bzw. → *Kurswert* beliehen werden (→ *Anleihen* i. d. R. zu 80 und → *Aktien* zu 50 Prozent). Sofern der Wert der Sicherheiten unter das Volumen des in Anspruch genommenen Kredits fällt, kann der Kreditgeber Nachschuss verlangen. Kommt der Kreditnehmer dieser Verpflichtung nicht nach, ist der Kreditgeber berechtigt, das → *Depot* ganz oder teilweise zu liquidieren.

Effektive Stücke

Physisch aufgelegte → *Wertpapiere* mit Mantel, → *Bogen*, → *Zins*- oder Dividendenschein. In der Zeit des weitgehend elektronischen Wertpapierhandels gibt es effektive → *Lieferungen* praktisch nicht mehr, es sei denn als Schau- oder Sammlerstücke.

Effektivverzinsung

Die Effektivverzinsung gibt die reale Verzinsung eines Investments oder Kredits an, nach Abzug aller Nebenkosten wie dem → *Agio* und anderen Gebühren. Vgl. → *Nominalzins*

Eigenhandel

Wertpapierorder einer Bank auf eigene Rechnung.

Eigenkapital

Derjenige Teil des Kapitals einer Unternehmung, der nicht von Dritten geliehen wird. Er ergibt sich rechnerisch als Restgröße durch Abzug des Fremdkapitals vom Gesamtkapital. Eigenkapital steht in unterschiedlicher Form zur Verfügung, liquide in Form von Kasse oder Finanzanlagen, oder gebunden, etwa in Maschinen oder Immobilien.

Eigenkapitalfonds

Eigenkapitalfonds sind Varianten geschlossener → *Fonds*, die auf eine Hebelung durch zusätzliche Kreditaufnahme verzichten und daher als sicherer gelten.

Eigenkapitalquote

Die Eigenkapitalquote errechnet sich als Prozentanteil des Eigenkapitals am Gesamtkapital. Bezogen auf ein Investment vermag eine niedrige Eigenkapitalquote die Rentabilität des eingesetzten (Eigen-)Kapitals erhöhen. Dieser Zusammenhang wird als → *Hebel-* oder → *Leverage-Effekt* bezeichnet. Dies erhöht die Risiken, da auf das aufgenommene → *Fremdkapital* auch bei einem Fehlschlagen des Investments → *Zins* und → *Tilgung* zu entrichten sind.

Die Eigenkapitalquote findet auch Berücksichtigung bei der Beurteilung der Bonität von Schuldnern. Zu niedrige Quoten gelten dabei als Risikofaktor für die Zahlungsfähigkeit.

Eigenkapitalrendite

Wird für eine Kapitalanlage → *Fremdkapital* eingesetzt, ergibt sich die → *Rendite* des eingesetzten Eigenkapitals als Verhältnis des Nettoertrags (also abzüglich auch der Finanzierungskosten) zum eingesetzten → *Eigenkapital*. Steht Fremdkapital günstig zur Verfügung, lässt sich für die Eigenkapitalrendite so ein → *Hebeleffekt* erzielen.

Eindecken

Ausgleich von Leerposition durch den Erwerb zuvor durch → *Leerverkauf* veräußerte Werte.

Einschuss

Der Einschuss (margin) dient bei Käufen am Terminmarkt als Sicherheitsleistung für die Risiken bei → *Termingeschäften*. Siehe → *Marge*

Emission

Eine Emission bezeichnet den Prozess des Auf-den-Markt-Bringens von → *Wertpapieren* wie → *Aktien* oder → *Anleihen*.

Emissionsinstitut

Ein Emissionsinstitut ist ein Kreditinstitut, das die → *Emission* eines → *Wertpapiers* durchführt.

Emittent

Ein Emittent ist ein Herausgeber von → *Wertpapieren*. Bei → *Aktien* handelt es sich dabei um Unternehmen, bei → *Anleihen* kann es sich um Unternehmen, öffentliche Körperschaften, Staaten oder andere Institutionen handeln.

Enger Markt

Enge Märkte zeichnen sich durch ein geringes Umsatzvolumen aus. Dies liegt i. d. R. an einem geringen Gesamtvolumen der gehandelten Papiere oder des Anteils, der sich im → *Streubesitz* befindet. Auf engen Märkten können schon kleine → *Orders* zu starken Kursausschlägen führen.

Entnahmeplan

Siehe → *Auszahlungsplan*

Eröffnungskurs

Erster festgestellter → *Kurs* nach Eröffnung des Börsenhandels.

Erfüllungsgarantie

Die Erfüllungsgarantie der Clearing-Stelle dient den Marktteilnehmern am Terminmarkt als Sicherheit, dass alle Terminkontrakte auch vollständig abgewickelt werden.

Ergebnis aus Finanzanlagen

Das Ergebnis aus → *Finanzanlagen* ist eine Position in der → *Gewinn*- und Verlustrechnung von Banken. Es handelt sich um den Saldo der Gewinne und Verluste aus der

Veräußerung nicht-konsolidierter Anteile an verbundenen Unternehmen, Tochterunternehmen, Beteiligungen, Fondsanteilen, → *Wertpapieren*, Grundstücken und sonstigen Handelsbeständen. Die Finanz- und Kapitalanlagen selbst werden in der → *Bilanz* aufgeführt.

Ergebnis aus gewöhnlicher Geschäftstätigkeit

Das Ergebnis aus der gewöhnlichen Geschäftstätigkeit ist eine Definition der Bilanzierung nach → *HGB* und eine Zwischenposition in der → *Gewinn*- und Verlustrechnung, die auch als Gewinn vor → *Ertragssteuern* bezeichnet wird. Es weist die Gegenüberstellung der Gesamtleistung und der Finanzerträge des Unternehmens in der abgelaufenen Rechnungsperiode einerseits und der betrieblichen Aufwendungen andererseits aus. Die Bezeichnung ist irreführend, denn es handelt sich dabei keineswegs um das Betriebsergebnis der Kostenrechnung, die schon saldiert im Ergebnis vor → *Zinsen* und Steuern (→ *Ebit*) enthalten ist. Der Ausdruck „Geschäftstätigkeit" soll verdeutlichen, dass es sich hierbei um den gesamten internen Aufwand und Ertrag handelt. D. h., Posten, die noch nicht unter das Ergebnis der gewöhnlichen Geschäftstätigkeit fallen, ergeben sich durch „externe" Einflussfaktoren, die nicht direkt mit der eigentlichen Geschäftstätigkeit zusammenhängen.

Erhaltene Auszahlungen

Erhaltene Auszahlungen sind Bestandteile des Umlaufvermögens. Es handelt sich um → *Gelder*, die aus → *Forderungen*, Verbindlichkeiten und ähnlichen Positionen resultieren.

Ertrag

In der Betriebswirtschaftslehre wird Ertrag als Zuwachs des → *Vermögens* innerhalb einer Wirtschaftsperiode verstanden. Auf Geldanlagen angewendet ist es der tatsächliche, absolute Wertzuwachs eines Investments in einem bestimmten Zeitraum. Meist wird dafür synonym die Bezeichnung → *Rendite* verwendet, die aber den relativen Wertzuwachs (in Prozent des eingesetzten Kapitals) angibt. Spricht man von der Rendite einer → *Anleihe*, so ist i. d. R. der theoretische Ertrag in Prozent gemeint, den diese unter bestimmten Voraussetzungen in einem bestimmten Zeitraum erbringen kann.

Erträge

Erträge mehren den Unternehmenserfolg durch einen Wertzugang aufgrund der Erstellung oder des Verkaufs von Gütern. Sie müssen nicht unmittelbar zahlungswirksam werden. Unterschieden werden ordentliche und außerordentliche Erträge.

Ertragslage

Gesamtbild aller fundamentalen Daten bezüglich der → *Gewinne* einer Gesellschaft.

Ertragssteueransprüche

Die Ertragssteueransprüche sind ein Aktivposten in der → *Bilanz* und stellen eine Forderung an den Staat dar.

Ertragssteuern

Ertragssteuern werden nach → *HGB* in der → *Gewinn-* und Verlustrechnung vom Ergebnis der gewöhnlichen

Geschäftstätigkeit abgezogen. Es handelt sich dabei um diejenigen Steuern, deren Bemessungsgrundlage das wirtschaftliche Ergebnis (→ *Ertrag*, → *Gewinn*) ist.

Ertragssteuerverpflichtungen

Ertragssteuerverpflichtungen sind ein Passivposten der → *Bilanz* und stellen eine Verbindlichkeit gegenüber dem Staat dar.

ESG-Fonds

→ *Fonds*, die nach Grundsätzen der → *Nachhaltigkeit* investieren. Dies sind E – Ecological, S – Social und G – Governance-Aspekte, also ökologische und soziale Kriterien sowie Grundsätze der guten Unternehmensführung. In der einfachsten Version schließen ESG-Fonds bestimmte Investments aus, etwa den Kauf von → *Aktien* von Unternehmen, die kontroverse Waffen oder gesundheitsschädliche Waren herstellen. In der komplexesten Variante, der Impact-Fonds, soll das Investieren in bestimmte Vermögenswerte einen positiven Einfluss (impact) in puncto Nachhaltigkeit haben. Die Offenlegungsverordnung der EU (SFDR) verlangt von Fonds die Klassifizierung nach dem Grad der Nachhaltigkeit. Unterschieden werden Artikel-9-Fonds (Impact-Fonds), Artikel-8-Fonds (Fonds, die Nachhaltigkeitsgrundsätze berücksichtigen) und Artikel-6-Fonds (alle anderen).

Eskomptieren

Eskomptieren bedeutet Vorwegnehmen und im Falle von → *Wertpapieren*, dass sich der → *Kurs* im Vorhinein an die

Auswirkungen bevorstehender Ereignisse anpasst. Spekulieren Anleger etwa auf die Vorlage guter Ergebnisse durch eine Gesellschaft, so steigt der Kurs womöglich schon im Vorfeld der Ergebnisvorlage und passt sich danach nur noch so weit an, wie Erwartung und Realität auseinanderlagen.

ETF

Abkürzung für Exchange Traded Funds. Dabei handelt es sich im engeren Sinne um → *Fonds*, deren Vermögensstruktur sich nach der Zusammensetzung und den Gewichtungen innerhalb eines Index richtet. Sie können jederzeit ohne Ausgabeaufschlag gehandelt werden, bei An- und Verkauf wird nur eine geringe Differenz (→ *Spread*) berechnet. Inzwischen hat sich die ursprüngliche Trennung zwischen hier passiven ETF und dort aktiven gemanagten Fonds verwischt, indem mehr und mehr ETF Merkmale aktiven Managements aufweisen und klassische → *Investmentfonds* häufiger über die Börse gehandelt werden. Im Januar 2007 waren rund 215 ETFs in Deutschland zum Handel zugelassen, im Januar 2023 rund 2200.

Ethereum

Zweitwichtigste Kryptowährung, deren Bedeutung vor allem in der Möglichkeit besteht, über sogenannte Smart Contracts Verträge unmittelbar in den Blockchain-Protokollen niederzulegen und diese automatisiert auszuführen. Ethereum ist daher die Grundlage vieler Anwendungen des sogenannten dezentralisierten Finanzwesens, kurz DeFi. Dazu gehören etwa Token, die Eigentum an Vermögenswerten repräsentieren.

Ethikfonds

Mittlerweile ungebräuchliches Wort für → *Investmentfonds*, deren Anlagegrundsätze sich nicht allein nach Renditegesichtspunkten richten.

Eurex

Die Eurex entstand Ende 1998 durch den Zusammenschluss der Deutschen und der Schweizer Terminbörse als gemeinsame Plattform für den Handel mit → *Optionen* und → *Futures*. Sie ist inzwischen die weltweit größte Terminbörse und der führende Abwickler des Wertpapierhandels in Europa.

Euribor

European Interbank Offered Rate. Es handelt sich dabei um den Zinssatz, den europäische Banken voneinander beim Handel von Einlagen mit einer festgelegten Laufzeit von einer Woche sowie zwischen einem und zwölf Monaten verlangen. Er ist bei variabel verzinslichen Euro-→ *Anleihen* der wichtigste Referenzzinssatz.

Euro-Notes

Am → *Euromarkt* gehandelte → *Anleihen* mit kurzer Laufzeit.

Eurobonds

Im engeren Sinne in Euro denominierte Staatsanleihen der Länder der Eurozone sowie mögliche gemeinsame Anleihen des Euroraums oder der Europäischen Union. Im weiteren Sinne schließt der Begriff in Euro denominierte → *Emissionen* anderer Länder mit ein. Bisweilen wird er auch synonym für → *Anleihen* aus europäischen Ländern in ihrer Gesamtheit verwendet.

Euromarkt

Der Euromarkt bezeichnet den gesamten Anleihenhandel unter Banken und emittierenden Institutionen des europäischen Raumes.

Europäische Option

Im Gegensatz zu einer Amerikanischen → *Option* kann eine Europäische Option nur am Verfallstag der Option gewandelt werden.

Europäische Zentralbank (EZB)

Die EZB mit Sitz in Frankfurt am Main hat am 1. Januar 1999 die geldpolitische Verantwortung von den nationalen Notenbanken der Eurozone übernommen. Sie ist Nachfolger des Europäischen Währungsinstituts (EWI) und nach deutschem Vorbild unabhängig von Weisungen politischer Instanzen. Wesentliches Entscheidungsgremium ist der Rat der EZB. Diesem gehören die Präsidenten der Notenbanken der Euro-Teilnehmerländer und das Direktorium der EZB an. Das sechsköpfige Direktorium ist die Geschäftsführung des Instituts. Die Leitlinien der europäischen Geldpolitik werden vom Rat festgelegt. Die EZB formt das System der Europäischen → *Zentralbanken* (ESZB) zusammen mit den nationalen Notenbanken der Euro-Teilnehmerländer.

Europäisches Währungssystem (EWS)

Als Vorläufer des Euro regelte das EWS von 1979 bis 1998 die Wechselkurse zwischen den Währungen der Teilnehmerländer und sollte vor Einführung einer Einheitswährung diese → *Kurse* in ein stabiles Verhältnis zueinander bringen. Die Kurse durften nur in einer engen Bandbreite schwanken und mussten von den Notenbanken der Mitgliedsstaaten in diesen Bandbreiten gehalten werden.

Euro Short-Term Rate (€STR)

Die Euro Short-Term Rate (€STR) ist ein von der → *Europäischen Zentralbank (EZB)* veröffentlichter Tagesgeldzinssatz, der auf den in der Geldmarktstatistik des Eurosystems zur Verfügung stehenden Daten beruht, das heißt auf den Transaktionen der 50 größten Banken. Er ersetzt spätestens seit 2022 den früheren Zinssatz EONIA, der ausschließlich auf Interbankengeschäfte beruhte.

Euro Stoxx 50

Europäischer → *Aktienindex*, der sich aus den Anteilsscheinen von 50 repräsentativen Aktiengesellschaften aus den Ländern der Eurozone zusammensetzt. Der Stoxx 50 umfasst 50 ausgewählte → *Standardwerte* aus ganz Europa.

EWpG

Das EWpG (Elektronisches Wertpapiergesetz) schuf im Jahr 2021 die Möglichkeit, Schuldverschreibungen und Fondsanteile in rein elektronischer Form auszugeben und schaffte damit die Pflicht zur Ausstellung einer papiergebundenen (Global-)Urkunde ab. Es schuf zudem die Möglichkeit, solche Wertpapiere dezentral zu registrieren und auf Basis einer Blockchain auszufertigen.

Ex B, Ex BR, Ex Bez, xB, Ex Bezugsrecht

Dieser Kurshinweis besagt, dass es sich um die erste Kursnotiz nach Abschlag eines zuvor miteingerechneten → *Bezugsrechts* handelt.

Ex BA, ohne Berichtigungsaktien

Dieser Kurshinweis besagt, dass es sich um die erste Notiz nach einer Umstellung auf das aus Gesellschaftsmitteln berichtigte → *Aktienkapital* handelt, und dieser daher einen Berichtigungsabschlag enthält.

Ex D, Ex Div, ohne Dividende

Dieser Kurshinweis besagt, dass es sich um die erste Kursnotiz nach der Zahlung der → *Dividende* handelt, also abzüglich → *Dividendenabschlag*.

Exchange Traded Funds

Siehe → *ETF*

Exit

Mit einem Exit bezeichnet man den Ausstieg eines Investors aus einer Unternehmung. Man spricht von einem Exit, wenn eine Beteiligung

- an einer Gesellschaft an die → *Börse* gebracht wird,
- an eine andere Gesellschaft verkauft wird,
- an einen anderen Investor oder

- an das Management verkauft wird (Management-Buy-Out, MBO).

Exitkanäle

Die unterschiedlichen Möglichkeiten des Rückzugs eines Investors aus einem wesentlichen Engagement (vgl. → *Exit*).

F.A.Z.-Index

Von der Frankfurter Allgemeinen Zeitung seit 1949 berechneter → *Aktienindex*, der zunächst 1961 grundlegend reformiert wurde, sodass dies das eigentliche Startjahr ist. 2011 wurde der Index grundlegend modernisiert. Er enthält 100 Werte und bildet damit den deutschen → *Aktienmarkt* breiter ab als der Dax-Index, der nur 40 Standardwerte enthält. Als Kursindex ist er zudem mit anderen internationalen Börsenindizes tatsächlich vergleichbar, während der → *Dax* als → *Performance-Index* die Entwicklung des deutschen Aktienmarktes grundsätzlich positiv überzeichnet. Ausgangsbasis des F.A.Z.-Index ist ein Stand von 100 Punkten am 31.12.1958.

Fairer Wert

Auf Basis optionspreistheoretischer Modelle errechneter Preis einer → *Option*, bei der sich → *Gewinn-* und Verlustwahrscheinlichkeit die Waage halten. Hier fließen auch Parameter ein, die sich nicht aus dem → *Kurswert* oder dem inneren Wert eines → *Optionsscheins* ableiten lassen wie die → *Volatilität* des Basisinstruments, das → *Zinsniveau* und die → *Dividendenrendite*. Bei → *Zertifikaten* entspricht er dem Produkt von → *Bezugsverhältnis* und → *Kurs* des → *Basiswerts*, wobei die → *Geld*-Brief-Spanne (→ *Spread*) nicht berücksichtigt wird.

Fed

Abkürzung für die amerikanische Notenbank Federal Reserve Board.

Federal Funds Rate

Tageszinssatz für die Leihgeschäfte innerhalb des amerikanischen Bankensektors für Kredite zur Deckung der Mindestreserveverpflichtungen. Er ist der Leitzins der amerikanischen Geldpolitik und wird von der → *Fed* festgelegt.

Festgeld

Einlagen bei einer Geschäftsbank mit einer befristeten Laufzeit von i. d. R. zwischen 30 und 360 Tagen. Der Rückzahlungstermin ist genau bestimmt und kann nicht verkürzt werden.

Festpreis

Die Einräumung einer Festpreisgarantie gewährleistet, dass das geplante Objekt zu eben diesem von vornherein fixierten Preis übergeben wird. Vor allem unter dem Aspekt der Kosten- und Kalkulationssicherheit ist die Gewährleistung eines Festpreises von großer Bedeutung.

Festverzinsliche Wertpapiere

Festverzinsliche → *Wertpapiere* sind → *Anleihen*, deren Verzinsung als bestimmter, zu festgelegten Stichtagen zu zahlender Prozentsatz des → *Nominalwerts* festgelegt ist.

Fibonacci-Zahlen

Eine unendliche Zahlenreihe, die mit 0 und 1 beginnt. Jede weitere Zahl entspricht dabei der Summe der beiden vorangegangenen Zahlen. Damit lautet der Anfang der Zahlenreihe 0, 1, 1, 2, 3, 5, 8, 13, 21, 34, 55, 89 usw. Der Quotient von zwei aufeinanderfolgenden Zahlen (z. B. 55 und 89) läuft immer mehr gegen 0,618, je höher die Zahlen werden. Der Quotient aus einer Zahl und der jeweils übernächsten (z.B. 21 und 55) nähert sich dabei immer mehr 0,382 an. Diese beiden Quotienten 0,618 und 0,382 werden häufig benutzt, um das Korrekturpotenzial nach vorausgegangenen Kursbewegungen zu bestimmen. Die Theorie stützt sich darauf, dass bei Gegenbewegungen häufig Widerstands- oder → *Unterstützungslinien* zu beobachten sind, an denen die Kursbewegung vergleichsweise häufiger zum Stehen kommt. Diese Linien (Retracements) können durch Fibonacci-Verhältnisse häufig mit hoher Genauigkeit bestimmt werden.

Financial Future

Financial → *Futures* (→ *Finanzterminkontrakte*) sind im engeren Sinne Terminkontrakte auf Finanztitel wie → *Aktien*, → *Anleihen* oder → *Devisen*. Im weiteren Sinne wird zwischen Terminkontrakten und Finanzterminkontrakten häufig nicht unterschieden.

Finanzanlagen

Nach → *HGB* zählen zu den Finanzanlagen Anteile an verbundenen Unternehmen, Ausleihungen an diese, Beteiligungen, Ausleihungen an Unternehmen, mit denen ein Beteiligungsverhältnis besteht sowie → *Wertpapiere* des → *Anlagevermögens*.

Finanzierungsschätze

Finanzierungsschätze waren Schuldverschreibungen des Bundes mit einem Mindestanlagebetrag von 500 Euro und

Laufzeiten von i. d. R. ein oder zwei Jahren. Sie wurden nicht an der → *Börse* gehandelt und konnten nicht vorzeitig zurückgegeben werden. Emittiert wurden sie als Nullkuponpapiere (Diskontpapiere). Im Jahr 2013 wurde das Neugeschäft mit Privatkunden aus Kostengründen eingestellt.

Finanzkrise

Finanzkrisen sind Krisen, die durch Verwerfungen in der Finanzbranche entstehen und sich dann i. d. R. mit Verzögerung negativ auf die Gesamtwirtschaft auswirken. Sie entstehen i. d. R. durch übermäßige → *Spekulation* und den Versuch, die zyklisch sinkenden → *Erträge* einer bestimmten Anlageklasse durch höhere → *Risiken*, ggf. durch Kreditaufnahme zu stabilisieren. Auslöser von Finanzkrisen sind oft steigende → *Zinsen* und/oder eine konjunkturelle Abschwächung. Abverkäufe zwingen dann weniger liquide Investoren zu Verkäufen, wodurch eine Verkaufswelle entsteht, die weitere Anlageklassen erfasst. Mit „Finanzkrise" oder „Great Financial Crisis" (GFC) wird synonym die Finanzkrise der Jahre 2007 bis 2011 bezeichnet, die aus einer ungezügelten Spekulation mit verbrieften Immobilienkrediten in den USA heraus entstand.

Finanzterminkontrakt

Siehe → *Financial Futures*

Finanzverbindlichkeiten

Unter den Finanzverbindlichkeiten werden in der → *Bilanz* eines Unternehmens alle finanziellen Verpflichtungen ausgewiesen, die zum Stichtag bestanden. Sie sind ein Unterposten der Verbindlichkeiten auf der Passivseite der Bilanz.

Floater

Variabel verzinsliche → *Anleihen*. Die Höhe des → *Kupons* ist meist von einem Referenzzinssatz abhängig. Dies ist bei Euro-Anleihen i. d. R. der → *Euribor*, meist für drei, auch für sechs oder zwölf Monate. Der gewählte Referenzzinssatz entspricht i. d. R. der Auszahlungsfrequenz der Anleihezinsen. Je nach → *Bonität* des → *Emittenten* wird auf die Zinssätze ein Zuschlag gezahlt, der umso höher ausfällt, je schlechter die Kreditqualität des Schuldners ist. In seltenen Fällen wird auch ein Abschlag berechnet. Bei Anleihen in Dollar und Pfund wurde von 1986 bis 2021 der → *LIBOR* zugrunde gelegt, seit 2022 → *SOFR* und → *SONIA*. Floater eignen sich besonders in Zeiten steigender → *Zinsen*. Ist die Anlage von Geldern auf dem → *Geldmarkt* lukrativer, weil die → *Renditen* höher sind als für Anlagen mit längerer Zinsbindung (→ *Inverse Zinsstruktur*), steigt die Nachfrage nach variabel verzinslichen Anleihen. Reverse Floating Rate Notes (Reverse Floater) bringen einen höheren Zinsertrag, wenn der Referenzzinssatz sinkt. Sie sichern somit gegen sinkende Geldmarktzinsen ab.

Floor

Ein Floor ist ein Zinsoptionsgeschäft, bei dem bezogen auf einen zugrunde liegenden nominellen Kapitalbetrag eine Zinsuntergrenze ausgehandelt wird. Der Käufer erwirbt gegen Zahlung einer → *Prämie* das Recht, vom Verkäufer des Floors die Differenz zur Zinsuntergrenze zu erhalten, falls der Referenzzinssatz die vereinbarte Untergrenze an einem Festlegungstermin unterschreitet. Dadurch sichert sich der Investor eine Mindestrendite in Höhe des Floor-→ *Basispreises* abzüglich der Prämienzahlung. Er bildet somit das Gegenstück zum → *Cap*. Als (Bond) Floor wird auch der Kurs einer Wandelanleihe bezeichnet, bei dem deren Rendite mit der einer gleichwertigen konventionellen Anleihe vergleichbar ist.

Fonds

Siehe → *Investmentfonds*

Fondsgebundene Lebensversicherung

Unterform einer Kapitallebensversicherung, bei der der Sparanteil der Versicherungsprämie direkt in Anteilen eines oder mehrerer → *Investmentfonds* angelegt wird.

Fondsgesellschaft

Siehe → *Investmentgesellschaft*

Fondsmanager

Verwalter eines Investmentsondervermögens (→ *Investmentfonds*). Er trifft die Anlageentscheidungen im Rahmen der Anlagebedingungen, der Anlagegrundsätze und der gesetzlichen → *Anlagegrenzen*. Der Fondsmanager hat die Aufgabe, das → *Fondsvermögen* unter Berücksichtigung der Chancen und der eingegangenen Risiken möglichst ertragreich und sicher anzulegen.

Fondsvermögen

Gesamtheit aller in einem → *Fonds* befindlichen Vermögenswerte einschließlich Barvermögen.

Forderungen

Forderungen bezeichnen Ansprüche eines Unternehmens auf Zahlungen, die noch nicht liquiditätswirksam sind. Sie stellen einen Aktivposten der → *Bilanz* dar. Gegenteil: → *Verbindlichkeiten*

Forderungen an Kreditinstitute

Forderungen an Kreditinstitute sind ein Posten auf der Aktivseite von Bankbilanzen und umfassen alle Forderungen der bilanzierenden Bank an andere. Kredite im Interbankengeschäft schlagen sich hier nieder.

Forschungs- und Entwicklungskosten

Forschungs- und Entwicklungskosten werden in der → *Gewinn* -und Verlustrechnung ausgewiesen und umfassen die Aufwendungen für die Entwicklung neuer Produkte.

Freiverkehr

Siehe → *Open Market.* Im weiteren Sinne wird auch der unregulierte, außerbörsliche Handel bisweilen als Freiverkehr bezeichnet, gehört aber tatsächlich nicht dazu.

Fremde Anteile am Gewinn

Die fremden Anteile am Geschäftsergebnis sind Abführungen an Institutionen, die eine Beteiligung am bilanzierenden Unternehmen halten und einen Anspruch auf anteilige Gewinnabführung haben. Dieser Posten wird vom ausgewiesenen Reingewinn abgezogen.

Fremdkapital

Die Passivseite der → *Bilanz* gibt die Herkunft der Vermögenswerte eines Unternehmens an und gliedert sich dementsprechend in dem Unternehmen bzw. dessen Eigentümern gehörendes Eigen- und geliehenes Fremdkapital. Untergliedert wird dieses nach Herkunft und Fristigkeit. Fremdkapital in Form der Verbindlichkeiten umfasst Finanz-, Lieferanten- und andere Kredite, die zurückgezahlt werden müssen.

Fund of Funds

Siehe → *Dachfonds*

Fundamentalanalyse

Methode der → *Aktienanalyse*, die sich auf die fundamentalen Daten eines Unternehmens wie → *Gewinn*, → *Cashflow*, Kostenstruktur und Ertragskraft erstreckt und → *Aktien* unterschiedlicher Unternehmen derselben Branche anhand ermittelter Kennzahlen miteinander vergleicht, um Anlagealternativen zu bewerten. Die Fundamentalanalyse untersucht zum einen gesamtwirtschaftlich die Veränderung von Angebot und Nachfrage und analysiert dabei zahlreiche Faktoren wie die Zinspolitik der → *Zentralbank*, die Wirtschaftspolitik und staatspolitische Veränderungen und deren Einfluss auf das Unternehmen (→ *Top-Down-Ansatz*). Zum anderen wird versucht, von Kennzahlen und Marktpotenzial des Unternehmens auf dessen Substanz- und Ertragswert zu schließen (→ *Bottom-Up-Ansatz*).

Futures

Futures sind Terminkontrakte auf ein bestimmtes Gut. Terminkontrakte auf Waren werden als Commodity Futures, Kontrakte auf → *Aktien*, → *Anleihen*, Indizes und Währungen → *Financial* Futures genannt. Sie verpflichten je nach Ausgestaltung als → *Short*- oder → *Long-Position* den Erwerber des → *Kontrakts*, eine bestimmte Menge und Qualität des zugrunde liegenden → *Basiswerts* zu einem bestimmten Zeitpunkt zu einem festgelegten Preis zu liefern oder zu kaufen. Der Verkäufer des Kontrakts unterliegt spiegelbildlich den gleichen Pflichten. Diesen Pflichten können sich die Parteien nur durch Weiterverkauf des Kontrakts entziehen. Hier spricht man vom Glattstellen der Position. Futures werden üblicherweise auf → *Marge* erworben. Dies bedeutet, dass der Erwerber nicht den vollen Preis des Kontrakts bezahlt, sondern nur einen → *Einschuss* oder Sicherheitsleistung erbringt. Diese Sicherheitsleistung ist variabel. Steigt während der Laufzeit des Kontrakts das Verhältnis von Sicherheitsleistung zum Kontraktwert, erhält der Erwerber üblicherweise eine Zinsgutschrift. Sinkt dieses, so kann der → *Broker* i. d. R. Nachschusszahlungen verlangen oder die Position glattstellen.

Futures-Fonds

→ *Fonds*, die ihre Mittel an den Termin- oder Optionsmärkten investieren. Zur Auswahl stehen neben Financial → *Futures*, also → *Termingeschäften* auf → *Aktien*, → *Zinsen*, Indizes und Währungen, auch Termingeschäfte auf Edelmetalle, Agrargüter sowie Rohstoffe. Futures-Fonds haben aufgrund der Hebelwirkung der derivativen Produkte ein erheblich höheres Risiko als andere Wertpapierfonds.

Gamma

Gamma misst die Veränderung des → *Delta* in Bezug auf eine Veränderung des → *Kurses* des → *Basiswerts*. Ändert sich der Kurs des Basisobjekts um eine Einheit nach unten, und sinkt dadurch das Delta bspw. von 51 auf 49 Prozent, so wäre Gamma gleich 2. Gamma misst damit die Sensitivität des → *Optionsscheins* gegenüber größeren Schwankungen des Basiswerts.

Garantiefonds

→ *Fonds*, bei dem die Kapitalverwaltungsgesellschaft den Erhalt des investierten Kapitals zu einem bestimmten Prozentsatz i. d. R. zum Ende der Laufzeit garantiert. Dieser Satz kann 100 Prozent betragen, aber auch darunter liegen. Erwirtschaftet der Fonds zum Laufzeitende einen Nettoinventarwert von mehr als 100 Prozent, partizipiert der Anleger i. d. R. davon nur zum Teil. Einige Garantiefonds sichern auch während der Laufzeit erwirtschaftete → *Erträge* und garantieren diese bis zum Laufzeitende, unabhängig vom Nettoinventarwert zu diesem Zeitpunkt.

Gebuchte Bruttobeiträge

Die gebuchten Bruttobeiträge sind ein Posten der → *Gewinn*- und Verlustrechnung von Versicherungsunternehmen. Sie stellen den Bruttoumsatz der Versicherung im Prämiengeschäft dar und umfassen die Beiträge der Kunden zu den Versicherungsprodukten.

Geld (Kurszusatz)

Der Kurszusatz „Geld“ („G“) besagt, dass zum angegebenen → *Kurs* nur Kaufaufträge im entsprechenden → *Wertpapier* vorlagen. Umsatz kam mangels Angebot aber nicht zustande. Häufig findet sich auch der Zusatz „bezahlt Geld“ („bG“). Dies bedeutet, dass die zum festgestellten Kurs limitierten Kaufaufträge nur teilweise ausgeführt werden konnten, da zu diesem Kurs ein Nachfrageüberhang bestand. Kaufaufträge mit darüberliegendem → *Limit* wurden vollständig ausgeführt (vgl. → *Kurszusätze*). Gegenteil: → *Brief* („B“)

Geldkurs

Der Preis bzw. → *Kurs*, zu dem Käufer bereit sind, → *Wertpapiere* zu kaufen. Gegensatz hierzu ist der → *Briefkurs* als der Kurs, zu dem Verkäufer bereit sind, Wertpapiere zu verkaufen. Für die Begriffe Geld- und Briefkurs werden auch oft die englischen Begriffe „Bid“ und „Ask“ verwendet.

Geldmarkt

→ *Markt* für kurzfristige Kredite und Guthaben, die unter Banken vergeben und gehandelt werden. Der Geldmarkt spielt eine wichtige Rolle bei der Liquiditätsbeschaffung der Finanzinstitute und war einer der neuralgischsten Teilmärkte während der Finanzkrise ab dem Jahr 2008.

Geldmarktfonds

Geldmarktfonds investieren überwiegend in Geldmarkttitel und liquide Papiere mit sehr kurzen Laufzeiten. Dazu zählen neben Termingeldern, Schuldscheindarlehen und → *Anleihen* mit kurzer → *Restlaufzeit* auch sogenannte → *Commercial Paper* sowie Bankeinlagen. Durch die Investition in Geldmarktfonds sind Anleger nicht an die Laufzeiten von Geldmarktanlagen gebunden, sondern können jederzeit darüber verfügen. Diesem Vorteil steht ggf. der Nachteil von Ausgabeaufschlägen gegenüber. Da auch die besten Geldmarktfonds i. d. R. keine allzu stark vom Marktzins abweichende → *Rendite* erzielen, führen diese Aufschläge praktisch zu einer längeren Kapitalbindung.

Geldmarktpapiere

Geldmarktpapiere sind kurzfristige Schuldtitel, insbesondere der öffentlichen Hand, die am → *Geldmarkt* gehandelt werden.

Geldmenge

Die Geldmenge wird nach verschiedenen Konzepten von den → *Zentralbanken* gemessen und beschreibt die gesamtwirtschaftliche Liquidität nach ihrer Fristigkeit. Die wichtigsten Konzepte sind:

- M0 = Bargeld und Einlagen der Geschäftsbanken bei der Zentralbank sowie ggf. künftig digitales Zentralbankgeld, auch als monetäre Basis oder Zentralbankgeldmenge bezeichnet.
- M1 = Bargeld und täglich fällige Einlagen der im Währungsgebiet ansässigen Nicht-Banken.
- M2 = M1 plus Einlagen mit vereinbarter Laufzeit bis zu zwei Jahren und Einlagen mit vereinbarter Kündigungsfrist bis zu drei Monaten.

- M3 = M2 plus Anteile an → *Geldmarktfonds*, Repoverbindlichkeiten, → *Geldmarktpapieren* und Schuldverschreibungen mit einer Laufzeit von bis zu zwei Jahren. Dieses Aggregat steht bei der Geldpolitik der EZB im Vordergrund.

Gemischter Fonds

Siehe → *Mischfonds*

General Standard

Transparenzstandard im → *Regulierten Markt* der Deutschen Börse. Es handelt sich um den gegenüber dem → *Prime Standard* niedrigeren Standard. Unternehmen müssen einen Abschluss nach internationalen Rechnungslegungsstandards (→ *IFRS* oder → *US-GAAP*) vorlegen sowie → *Ad-hoc-Meldungen* und Zwischenberichte veröffentlichen.

Genussschein

Ein Genussschein ist eine Anlageform zwischen → *Aktie* und → *Anleihe*. Er verbrieft den Anspruch auf Rückzahlung des → *Nominalwerts*. Inhaber erhalten i. d. R. entweder eine festgelegte Ausschüttung in Prozent des Nominalwerts oder haben in einem bestimmten Verhältnis am Reingewinn teil. Das → *Stimmrecht* ist jedoch ausgeschlossen. Die Erfolgsbeteiligung von Genussscheinen liegt i. d. R. über der Verzinsung von Anleihen. Sie nehmen aber i. d. R. auch am Verlust einer Unternehmung teil, indem der Nominalwert und mit ihm der Rückzahlungsanspruch reduziert wird. Dieser kann durch spätere → *Gewinne* wieder aufgefüllt werden. Im Konkurs- bzw. Liquidationsfall treten die

Rückzahlungsansprüche der Genussscheininhaber hinter die der meisten anderen Gläubiger zurück. Genussscheine können unter bestimmten Voraussetzungen nach deutschem Recht als Eigenkapital bilanziert werden. Sie bieten daher eine Methode der Verschuldung, die nicht zu Lasten der → *Bilanz* geht. Von den internationalen → *Rating*-Agenturen werden sie indes nicht als Eigenkapital anerkannt, daher haben sie gegenüber anderen Anleiheformen (Tier-1-Anleihen, Hybridanleihen) an Bedeutung eingebüßt.

Geregelter Markt

Der Geregelte Markt war zwischen 1987 und 2007 ein gesetzliches und EU-reguliertes Marktsegment an den deutschen → *Börsen*. Die Anforderungen für Zulassung, → *Publizitätspflicht* und ähnlichen Anforderungen lagen unter denen für das damals übergeordnete Marktsegment → *Amtlicher Handel*. Nachfolger ist der → *Regulierte Markt*.

Geschäftsbericht

Aus dem jährlichen Geschäftsbericht eines Unternehmens können → *Aktionäre* neben der → *Bilanz* und der → *Gewinn- und Verlustrechnung* auch zahlreiche weitere Informationen über die wirtschaftliche Entwicklung der Gesellschaft sowie die Entwicklung einzelner Geschäftsbereiche entnehmen. Nach deutschem Recht muss ein Geschäftsbericht den vollständigen → *Jahresabschluss* einschließlich Gewinn- und Verlustrechnung, den Lagebericht, den Bericht des → *Aufsichtsrats*, einen Vorschlag und Beschluss über die Gewinnverwendung sowie bei prüfungspflichtigen Unternehmen einen Bestätigungsvermerk des Abschlussprüfers enthalten. Zunehmend wird auch die Nachhaltigkeitsberichterstattung in den Geschäftsbericht integriert.

Geschäfts- oder Firmenwert

Der Firmenwert, auch Goodwill genannt, ist eine Position auf der Aktivseite der → *Bilanz*, falls es sich um einen erworbenen (derivativen) Firmenwert handelt. Er leitet sich als derjenige Betrag ab, den ein Käufer bei Übernahme einer Unternehmung als Ganzes unter Berücksichtigung künftiger Ertragserwartungen (Unternehmungswert, Ertragswert) über den Wert der einzelnen Vermögensgegenstände und nach Abzug des → *Buchwerts* des Eigenkapitals einschließlich Stiller Reserven (Substanzwert) zu zahlen bereit ist. Einen wirklichkeitsnahen und realistischen Wert für den Firmenwert zu ermitteln, ist schwierig. Firmenwertbildende Faktoren sind u. a. gutes Management, rationelle Herstellungsverfahren und Betriebsorganisation, Facharbeiterstamm, verkehrsgünstige Lage, Stammkundschaft und gut qualifiziertes Personal. All diese Faktoren lassen sich jedoch nur schwer nachvollziehbar bewerten.

Geschlossener Fonds

Anteile an einem Geschlossenen → *Fonds* sind unternehmerische Beteiligungen. Durch die Auflegung eines solchen Fonds wird → *Geld* für Anlagen in Sachwerten gesammelt. Rechtlich sind diese als alternative Investmentfonds im Sinne des Kapitalanlagegesetzbuchs (→ *KAGB*) organisiert, meist in Form einer GmbH & Co. KG. Bei → *Platzierung* wird ein Fondsvolumen vorgegeben. Sobald dieses erreicht ist, also vollständig gezeichnet wurde, sind keine weiteren Zeichnungen mehr möglich und der Fonds wird geschlossen. Neben dem Eigenkapital der Gesellschafter wird bisweilen → *Fremdkapital* eingesetzt, um eine höhere Eigenkapitalrendite zu erreichen. Bis Mitte der 2000er-Jahre konnten Verluste aus Beteiligungen an diesen Fonds umfassend einkommensteuerlich geltend gemacht werden, weshalb für Investitionsentscheidungen oftmals Steuer- und nicht Renditeaspekte ausschlaggebend waren. Nachdem diese Abzugsmöglichkeiten praktisch vollständig beseitigt wurden, verlor das Anlageinstrument an Bedeutung. Geschlossene Fonds haben aufgrund der Sachwertanlagen individuellen Charakter. Die Investitionsobjekte sind zudem wenig liquide. Daher gibt es auch keinen liquiden Handel in den Anteilen, ebenso wenig einen regulären Anspruch auf Rücknahme von Anteilen durch den → *Emittenten* während der Laufzeit. Gegenteil: → *Offener Fonds.* Geschlossene Fonds gehören heute zu den → *AIF.*

Geschlossener Immobilienfonds

Geschlossener → *Fonds*, durch den → *Geld* für ein oder mehrere definierte Immobilienprojekte gesammelt wird.

gestrichen

Kurszusatz (-), der eine Streichung des Kurses anzeigt. Dies kann geschehen, wenn weder Kauf- noch Verkaufsaufträge vorlagen oder nur solche mit nicht vertretbarer Limitierung. Zudem kann eine Streichung aus wichtigem Grund auf Veranlassung der Aufsichtsbehörde, des Börsenvorstandes oder der Zulassungsstelle erfolgen, etwa weil der → *Emittent* vorgeschriebene Publikationspflichten nicht erfüllt hat oder die Zulassung zurückgenommen wurde. Wenn der → *Kurs* gestrichen wurde, weil im Übermaß Nachfrage vorlag, erfolgt die → *Notierung* als „-G“, bei übermäßigem Angebot als „-B“. (Vgl. → *Kurszusätze*)

Gewinn

Der Gewinn oder Verlust eines Unternehmens ist das Gesamt- oder ein Zwischenergebnis der Gewinn- und Verlustrechnung des Konzernabschlusses der Berichtsperiode. Er ergibt sich als Saldo der gesamten oder eines Teils der → *Erträge* und Aufwendungen. Die Gewinndefinitionen sind von unterschiedlicher Aussagekraft und geben stets einen Teileinblick in den Erfolg des Unternehmens, seien dies nun operativer Gewinn, Betriebsgewinn, Reingewinn oder andere Gewinnausweise.

Gewinn je Aktie

Der → *Gewinn* je → *Aktie* gibt den rechnerischen Teil des erwirtschafteten Jahres- bzw. Konzernüberschusses an, der auf eine Aktie entfällt. Sie misst die Ertragskraft in Relation zur → *Aktienanzahl*. Vor allem in Amerika steht diese Größe im Zentrum der Aufmerksamkeit, für die Planziele angegeben und daran gemessen werden. In Deutschland wird für die Angabe des Gewinns je Aktie häufig das standardisierte → *DVFA-Ergebnis* zugrunde gelegt.

Gewinnmitnahme

Erklärungsansatz für fallende → *Kurse*, die nicht durch einen äußeren Anlass erklärt werden können. In diesem

Fall wird davon ausgegangen, dass Anleger aufgelaufene Kursgewinne durch Verkäufe sichern.

Gewinnrücklage

Eine Gewinnrücklage ist ein Passivposten der → *Bilanz*, der auch für die → *Gewinn*- und Verlustrechnung relevant ist. Die Gewinnrücklage wird durch Zuführungen aus dem Gewinn gebildet. Sie dient dazu, durch ihre Auflösung im Verlustfall eine Reduzierung des Nominalkapitals zu vermeiden, die wiederum Kapitalmaßnahmen erforderlich machen könnte. Zu unterscheiden sind gesetzliche und freiwillige Rücklagen. Bei einer → *Kapitalerhöhung* aus Gesellschaftsmitteln werden Rücklagen in Nominalkapital umgewandelt und → *Berichtigungsaktien* an die → *Aktionäre* ausgegeben.

Gewinnrendite

Die Gewinnrendite ist der Kehrwert des → *Kurs-Gewinn-Verhältnisses (KGV)*, also das Verhältnis von Gewinn je → *Aktie* zum aktuellen Aktienkurs. Diese Zahl wird mit hundert multipliziert und gibt praktisch die Verzinsung der Aktie an.

Glattstellung

Die Auflösung eines eingegangenen Börsengeschäfts durch Verkauf der Position.

Gleitende Durchschnittslinie

Dieser Trendindikator der → *Chartanalyse* bezeichnet eine Kursverlaufslinie, die sich aus der Addition der → *Kurse* einer bestimmten Anzahl von Tagen für jeden Börsentag und deren Division durch die Anzahl der berücksichtigten Tage teilt. Häufige Verwendung finden Zeiträume von 38, 90, 100 und 200 Tagen. Je länger der berücksichtigte Zeitraum, um so träger reagiert die Linie. Kursbewegungen werden auf diese Weise geglättet und der Trend sichtbarer gemacht.

Goldparität

Der fixierte Wert einer Währungseinheit gegenüber dem Goldpreis. Mit anderen Worten: Die Menge Gold, die man für eine Währungseinheit erhält. Die Goldparität war Grundlage des Goldstandards, als Währungen noch auf diese Weise gedeckt wurden. Dieser fand 1971 durch Aufkündigung der Einlösepflicht von Dollar in Gold seitens der Vereinigten Staaten sein faktisches und mit dem folgenden Zusammenbruch des Wechselkurssystems von Bretton Woods im Jahr 1973 sein offizielles Ende.

Gratisaktie

Irreführende Bezeichnung für → *Berichtigungsaktien*. Denn diese werden dem → *Aktionär* nicht geschenkt. Vielmehr stammen sie aus Gesellschaftsmitteln, an denen der Aktionär ohnehin schon beteiligt war. Sie werden an Alt-Aktionäre ohne Zuzahlung in einem bestimmten Verhältnis zu den in dessen Besitz befindlichen → *Aktien* neu ausgegeben. Dabei erhöht sich die Zahl der Aktien und gleichzeitig verringert sich ihr → *Kurs* entsprechend diesem Verhältnis, sodass der Wert der Depotposition eines

Anlegers vor und nach Abschluss der Transaktion derselbe bleibt, abgesehen von zwischenzeitlichen Kursschwankungen.

Grauer Kapitalmarkt

→ *Kapitalmarkt*, der keiner oder keiner wesentlichen staatlichen Aufsicht und Regelung unterliegt. Hier werden Werte emittiert und mitunter gehandelt, die nicht auf dem organisierten Kapitalmarkt zu finden sind. Die Liquidität dieser Schuldverschreibungen, → *Fonds*, nicht-börsennotierten → *Aktien* und anderen Kapitalanlagen ist i. d. R. niedrig. Dies ist einer der Gründe, warum diese Anlagen i. d. R. höhere nominale → *Erträge* bieten. Ein anderer sind grundsätzlich höhere Risiken. Auf dem Grauen Kapitalmarkt findet sich erfahrungsgemäß infolge der fehlenden Regulierung ein sehr viel größerer Anteil unseriöser Anbieter. Eine Anlage ist daher häufig noch riskanter, als durch die in Aussicht gestellte → *Rendite* vergütet wird. Ein Totalverlust des eingesetzten → *Geldes* ist nicht ungewöhnlich. Auch → *Kryptoanlagen* sind Bestandteil des Grauen Kapitalmarkts, obwohl ihre Liquidität höher ist als die anderer Vermögensanlagen des Grauen Kapitalmarkts.

Great Financial Crisis (GFC)

Siehe → *Finanzkrise*

Greenshoe

Der „grüne Schuh" ist die → *Option* einer Konsortialbank, im Rahmen einer → *Neuemission* zusätzliche Papiere des von ihr betreuten Unternehmens abzugeben, meist zur Kurspflege. Diese → *Aktien* stellen üblicherweise die Alteigentümer aus ihrem Besitz zur Verfügung.

Grundkapital

Das Grundkapital eines Unternehmens besteht aus der Summe der → *Nennwerte* aller ausgegebenen → *Aktien*. Im Falle nennwertloser Aktien verteilt sich dieses auf die Aktienzahl. Dabei darf der anteilige Betrag des Grundkapitals je Aktie 1 Euro nicht unterschreiten. Der Mindestnennbetrag des Grundkapitals einer Aktiengesellschaft muss 50.000 Euro betragen. Das Grundkapital ist Bestandteil des auf der Passivseite der → *Bilanz* verzeichneten Eigenkapitals.

Handel per Erscheinen

Der außerhalb der → *Börse* stattfindende Handel mit neu emittierten → *Wertpapieren*, bevor diese geliefert und abgerechnet werden können.

Handelsergebnis

Das Handelsergebnis einer Bank ist der Saldo der → *Erträge* und Verluste aus Handelsaktivitäten, etwa aus → *Devisen* oder → *Derivaten*.

Hauptversammlung

Generalversammlung der → *Aktionäre* einer Gesellschaft, üblicherweise einmal im Jahr. Sie ist neben → *Vorstand* und → *Aufsichtsrat* das wichtigste Organ einer → *Aktiengesellschaft*. Sie dient der Information der Aktionäre, entscheidet über die Bestellung und Entlastung der Aufsichtsratsmitglieder, die Entlastung der Mitglieder des Vorstands, die Verwendung des Bilanzgewinns, die Bestellung des Abschlussprüfers, Satzungsänderungen, Kapitalmaßnahmen sowie ggf. die Auflösung der Gesellschaft. Neben der ordentlichen Hauptversammlung (HV) können auch außerordentliche Hauptversammlungen einberufen werden, entweder durch Antrag von mindestens 5 Prozent des Aktienbesitzes oder durch den Vorstand.

Hausse

Nachhaltiger Anstieg der Wertpapierkurse einzelner Marktbereiche oder des Gesamtmarkts über einen mittleren bis längeren Zeitraum. Die Hausse ist von einer

„freundlichen Kursentwicklung“, die nur von kurzer Dauer ist, nicht exakt abzugrenzen. Gegensatz: → *Baisse*

Haussier

Haussiers sind Anleger, die aufgrund ihrer optimistischen Einstellung zu der weiteren Kursentwicklung der betreffenden Vermögenswerte → *Long-Positionen* aufbauen. Das bedeutet, dass sie entweder die → *Basiswerte* selbst erwerben oder → *Optionen* auf steigende → *Notierungen* kaufen oder Shortpositionen verkaufen.

Hebel

Der Hebel ist eine Kennzahl von → *Optionen* und → *Optionsscheinen* sowie anderen Derivaten wie → *CFDs* und gibt das Verhältnis an, in dem diese die Kursbewegung des → *Basiswerts* nachvollziehen. Der einfache Hebel eines Optionsscheins oder einer Option errechnet sich durch Division der → *Kurse*. Der theoretische Hebel gibt an, um wie viel Prozent sich der Kurs des Optionsscheins verändert, wenn sich der Kurs des Basiswerts um ein Prozent verändert.

Hebeleffekt

Durch den Einsatz von → *Fremdkapital* lässt sich die → *Rendite* des eingesetzten eigenen Kapitals erhöhen. Dies setzt voraus, dass Fremdkapital zu einem Zinssatz erhältlich ist, der niedriger ist als der Ertrag des gesamten eingesetzten Kapitals. Die Risiken liegen damit in der → *Zins-* und Ertragsentwicklung. Im Rahmen der Optionsscheintheorie wird unter Hebeleffekt die Verringerung des → *Kapi-*

taleinsatzes gegenüber einer Investition in den → *Basiswert* verstanden (siehe auch → *Hebel*).

Hebel-Zertifikate

Sammelbezeichnung für → *Zertifikate*, mit denen es möglich ist, überproportional an der Entwicklung des zugrunde liegenden → *Basiswerts* teilzuhaben, d. h. weniger Geld einzusetzen als es dem Wert des Basiswerts entspricht. Der → *Kurs* des Zertifikats entwickelt sich um ein Vielfaches stärker als der des Basiswerts (Hebelung). Es können so höhere → *Gewinne*, aber auch höhere Verluste erzielt werden, als es dem → *Kapitaleinsatz* entspricht.

Hedgefonds

Hedgefonds unterliegen keinen oder nur geringen Anlagerichtlinien. Sie versprechen daher höhere → *Renditen*. Indes sind auch die damit verbundenen Risiken höher. Zur Verfolgung ihrer Strategien setzen sie vor allem → *Derivate* ein, die auch zur → *Absicherung* (→ *Hedging*) verwendet werden. Nicht selten wird auch → *Fremdkapital* eingesetzt, um einen → *Hebeleffekt* zu erzielen. Sie waren bis 2004 in Deutschland verboten.

Hedging

Unter Hedging versteht man die → *Absicherung* von Wertpapierpositionen gegen eine negative Kursentwicklung durch den Kauf oder Verkauf von → *Derivaten* (→ *Futures*, → *Optionen*, → *Swaps*), die geeignet sind, von dieser negativen Kursentwicklung zu profitieren. Durch Hedging-

Transaktionen werden insbesondere Wechselkursrisiken gern abgesichert, nicht nur von Finanzakteuren, sondern auch von stark exportabhängigen Unternehmen. Auch Rohstoffpreisentwicklungen werden gern abgesichert, etwa von Fluggesellschaften, die stark von der Entwicklung der Ölpreise abhängig sind.

Heißes Geld

→ *Geld*, das aus kurzfristig spekulativen Motiven von einem Land in ein anderes Land fließt. In großem Umfang kann „Heißes Geld" zu deutlichen Verzerrungen von Wertpapierkursen, → *Zinsen* oder Zahlungsbilanzen führen. Da das Kapital nur kurzfristig angelegt wird, wird es i. d. R. noch schneller aus einem → *Markt* abgezogen, als es in diesen hineinfließt. Eine mögliche Folge davon sind Anpassungsschocks.

HGB

HGB ist das Akronym für Handelsgesetzbuch. Dies gibt u. a. den deutschen Bilanzierungsstandard vor. Im Zuge der Globalisierung der Finanzmärkte wurde die Bilanzierung gemäß HGB bei vielen Unternehmen von der international üblichen → *IAS*- und später → *IFRS*-Methode abgelöst. Auch in anderen Ländern gibt es nationale Bilanzierungsstandards, die dort von nicht international ausgerichteten Unternehmen genutzt werden (siehe etwa → *US-GAAP*.)

Highflyer

Bezeichnung für ein → *Wertpapier* mit sehr starkem Kursanstieg. Meist orientiert sich der Anstieg des → *Kurses* nicht an aktuellen oder kurzfristig prognostizierten Erträgen, sondern an möglichen → *Erträgen* einer oft nicht genau definierten Zukunft.

High-Yield-Anleihen

Siehe → *Hochzinsanleihen*

Hit-Digital-Scheine

Hit-Scheine (auch Digital- oder Simplex-Scheine genannt) sind die einfachste Form eines exotischen → *Optionsscheins*. In den Bedingungen ist eine einfache Bedingung gegeben (z. B. → *Aktien*-Kurs X steigt über 100). Wird diese Bedingung innerhalb der Laufzeit erfüllt, so wird der vereinbarte Betrag ausgezahlt, ansonsten verfällt der Schein wertlos.

Hochzinsanleihen

Als Hochzinsanleihen werden → *Anleihen* bezeichnet, deren → *Bonität* (oder die des → *Emittenten*) von den Rating-Agenturen höchstens mit einem → *Rating* von BB+ (Ba1) bewertet wird. Liegt das Rating darüber, spricht man vom → *Investment* Grade.

Holding

Eine Holding ist eine organisatorische Einheit, die Unternehmensbeteiligungen verwaltet, jedoch darüber hinaus keine eigene Geschäftstätigkeit hat.

Horizontaler Spread

Bei einem horizontalen → *Spread* (auch Calendar oder Time-Spread genannt) wird die Laufzeit einer im → *Depot* befindlichen → *Option* durch Tausch mit einer Option mit demselben Ausübungspreis aber anderem Verfallsdatum verändert. Bezogen auf → *Kaufoptionen* (→ *Call*) wird die Laufzeit verlängert, weil der Anleger erwartet, dass die Aufwärtsbewegung am → *Markt* über das ursprüngliche Verfallsdatum hinaus anhält. Bezogen auf Verkaufsoptionen (→ *Put*) wird die Laufzeit verkürzt.

Hypothek

Eine Hypothek ist eine dingliche Belastung einer Immobilie durch Eintragung in das Grundbuch. Durch die Hypothek ist diese dem Gläubiger in Höhe seiner Forderung verpfändet. Er ist berechtigt, Substanz und Nutzungen des Grundstücks durch Zwangsvollstreckung zu nutzen, um die Forderung einzutreiben, sollte der Schuldner seinen Verpflichtungen nicht nachkommen. Die Hypothek ist intensiv mit einer persönlichen Forderung gegen den Schuldner verknüpft (akzessorisch). Diese, auf die Zahlung von → *Geld* gerichtete Forderung, ist unabdingbare gesetzliche Voraussetzung. Typischerweise handelt es sich um eine Darlehensforderung. Die Hypothek ist heute praktisch weitgehend verdrängt worden. Eine Darlehensforderung ist im Gegensatz zur Hypothek nicht akzessorisch, sondern abstrakt und kann daher für sich allein übertragen oder genutzt werden. Grundschulden können auch nach deren Bestellung noch für andere → *Forderungen* als Sicherheit herangezogen werden. Das ist auch der Grund, weshalb in der Praxis Grundschulden den Hypotheken vorgezogen werden. Diese Unabhängigkeit wird in der Praxis durch Sicherungsabreden (Zweckerklärungen) eingeschränkt, die zumeist in der Erteilung einer Löschungsbewilligung bestehen.

Diese Abstraktion wurde im Jahr 2007 angeblich von Aufkäufern von Immobilienkrediten dazu genutzt, die Grundschuld in voller Höhe zu vollstrecken. Die Begründung lautete, dass ihnen der Sicherungsgrund nicht bekannt gewesen sei. Indes hätte der Käufer Kenntnis von den Sicherungszweckerklärungen erlangt haben müssen. Mit dem Risikobegrenzungsgesetz 2008 wurde die Rechtslage geklärt, da festgeschrieben wurde, dass es keinen gutgläubigen einredefreien Erwerb der Sicherungsgrundschuld geben kann. Wird der Kredit verkauft, kann der Darlehensnehmer dem neuen Gläubiger diese Sicherungsabrede entgegenhalten.

Hypothekenbank

Hypothekenbanken sind Kreditinstitute, die sich auf das Beleihen von Immobilien spezialisiert haben. Die Refinanzierung der Hypothekenkredite erfolgt in Deutschland zu großen Teilen durch Ausgabe von → *Hypothekenpfandbriefen*.

Hypothekenpfandbriefe

Hypothekenpfandbriefe sind von → *Hypothekenbanken* nach deutschem Recht ausgegebene Schuldverschreibungen zur Refinanzierung ihrer Hypothekenkredite. Mehrere Kredite werden gebündelt und als → *Besicherung* für eine → *Anleihe* verwendet. Sie unterscheiden sich von entsprechenden Verbriefungen in anderen Ländern oft durch sicherere Deckungsprinzipien. So sind der → *Verbriefung*

Darlehen als → *Deckungsmasse* zugeordnet. Im Falle einer → *Insolvenz* der Emissionsbank werden die Gläubiger vorrangig vor allen anderen Gläubigern aus der Deckungsmasse oder den Deckungsmassen befriedigt. Deckungsfähige Darlehen sind Darlehensteile innerhalb einer Grenze von 60 Prozent des von Sachverständigen festgelegten Beleihungswertes der beliehenen Immobilien. Diese Immobilien müssen vorsichtig und dauerhaft bewertet werden. Die Einhaltung der mit dem Deckungsstock verknüpften Vorschriften wird von einem von der → *BaFin* bestellten Treuhänder überwacht. Pfandbriefe gehören zu den → *Covered Bonds*, zu denen auch andere Verbriefungskonstruktionen gehören.

IAS

Damit die Vergleichbarkeit zwischen unterschiedlichen → *Geschäftsberichten* und den darin ausgewiesenen Ertragszahlen gewährleistet bleibt, müssen diese nach bestimmten Grundsätzen (Bilanzstandards) errechnet sein. Der erste internationale Standard war IAS (International Accounting Standards). Er wurde durch → *IFRS* ersetzt.

IFRS

IFRS (International Financial Reporting Standard) ersetzte als internationaler Standard für die Aufstellung von Bilanzen den älteren Standard → *IAS*.

Immaterielle Vermögenswerte

Das immaterielle → *Vermögen*, auch ungegenständliches Vermögen genannt, umfasst Konzessionen, gewerbliche Schutzrechte, Lizenzen, Firmenwerte, Patente, geleistete Anzahlungen u. a. m. Auch Warenzeichen oder Markenrechte gehören dazu.

Immobilienfonds

Immobilienfonds investieren das → *Geld* der → *Fonds*-Anleger in Immobilien. Zu unterscheiden sind dabei offene von geschlossenen Fonds. Geschlossene Fonds investieren eingeworbenes Geld in fest umrissene Projekte. Die Anleger erhalten Ausschüttungen aus deren Ertrag oder Verkaufserlös. Neues Geld fließt nach der Zeichnungsphase nicht mehr zu, eine vorzeitige Rückgabe der Anteile ist nur in Ausnahmefällen zulässig und der Zweitmarkt eher illiquide. Offene Immobilienfonds investieren laufend eingeworbene Mittel in wechselnde Projekte. Eine vorzeitige Rückgabe der Anteile war bis Juli 2013 grundsätzlich jederzeit zulässig. Im Zuge der Finanzkrise ab 2008 gerieten zahlreiche → *Emittenten* in Schwierigkeiten, weil Anleger mehr Anteile zurückgeben wollten, als Liquidität zur Verfügung stand. Infolgedessen wurden die Regularien 2013 geändert. Seitdem können Anteile an offenen Immobilienfonds frühestens 24 Monate nach Kauf zurückgegeben werden. In jedem Fall gilt eine Ankündigungsfrist von einem Jahr. Anteile können über die Börse verkauft werden.

Implizite Volatilität

Unter impliziter → *Volatilität* versteht man die erwarteten, künftigen Kursausschläge des → *Basiswerts* einer → *Option* über die → *Restlaufzeit*. Dabei wird angenommen, dass die tatsächlichen den theoretischen → *Optionspreisen* entsprechen. Die implizite Volatilität wird berechnet, indem der aktuelle Marktpreis der Option als fairer Wert in ein → *Optionspreismodell* eingesetzt wird. Bei gleicher Basis, Laufzeit und gleichem → *Bezugsverhältnis* ist ein → *Optionsschein* mit geringerer impliziter Volatilität günstiger.

Importierte Inflation

Der Teil der Inflation, der durch steigende Inlandspreise importierter Güter verursacht wird.

Indexfonds

Ein Indexfonds bildet die Wertentwicklung eines bestimmten Index nach. Ihre Auflage ist seit 1998 möglich. Die bekanntesten Indexfonds sind → *ETF*, die eine bestimmte

Konstruktionsform eines Indexfonds darstellen. Indexfonds bieten anders als aktiv gemanagte → *Fonds* gegenüber dem Index keine Chance auf einen Mehrertrag, weisen allerdings auch nicht das Risiko auf, eine schlechtere Wertentwicklung als die des Referenzindex zu verbuchen. Dieser Anlageansatz wird als passiv bezeichnet.

Index-Zertifikat

Wertpapier in Form einer Schuldverschreibung, deren Ertrag sich aus der Entwicklung eines → *Aktien-* oder sonstigen Index bestimmt.

Industrieanleihen

Auch Industrieobligationen oder -schuldverschreibungen genannt, bezeichnen sie → *Anleihen* von Nicht-Finanzunternehmen.

Inflation

Anstieg der Preise, der zu einer geringeren Kaufkraft und damit zur Entwertung des Geldes führt. Inflation entsteht immer dann, wenn die gesamtwirtschaftliche Güternachfrage das Güterangebot übertrifft. Das Wachstum der → *Geldmenge* und/oder der Umlaufgeschwindigkeit des → *Geldes* kann Inflation erzeugen, wenn das zusätzliche Geld die Güternachfrage erhöht. Der Inflation entgegenwirken kann ein Rückgang der Produktionskosten, etwa durch technischen Fortschritt, Abbau von Handelshemmnissen oder eine Verlagerung von Produktionen in kostengünstigere Standorte. Wird durch staatliche Maßnahmen (etwa Preis- oder Mietstopps) offene Inflation zurückgestaut, entstehen durch Mangel oft Schwarzmärkte oder Korruption, weil die künstlich geschaffenen Preise i. d. R. zu einer überhöhten Nachfrage bei gleichzeitig niedrigerem Angebot führen. Gegenteil: → *Deflation*

Informationspflicht

Ihr unterliegen alle Unternehmen, deren → *Wertpapiere* öffentlich gehandelt werden oder die diese zum Erwerb anbieten, je nach Art des Wertpapiers und des Marktsegments in mehr oder weniger hohem Maß. Die Informationspflicht betrifft vor allem die ausführliche Erläuterung aller entscheidender Daten sowie die Bekanntmachung aller den → *Emittenten* oder das Wertpapier betreffenden Ereignisse. Der Anleger soll dadurch in die Lage versetzt werden, sich ein präzises Bild von Emittent und Wertpapier zu machen und eine informierte Anlageentscheidung zu treffen.

Inhaberaktien/-papiere

Bei Inhaberpapieren fallen alle mit dem → *Wertpapier* verbundenen Rechte (etwa Dividendenanspruch oder → *Stimmrecht*) dem Erwerber eines Papiers zu. Im Unterschied dazu muss etwa bei vinkulierten → *Namensaktien* der Eintrag im Aktionärsbuch geändert werden. Inhaberpapiere sind deshalb leicht übertragbar. Der Großteil der in Deutschland gehandelten → *Aktien* sind Inhaberpapiere.

Initiator

Ein Geschlossener → *Fonds* oder → *AIF* wird von sogenannten Initiatoren (Personen oder Gesellschaften) ins Leben gerufen. Zu den Hauptaufgaben gehören die Gründung der → *Fondsgesellschaft*, Auswahl, Realisierung oder Erwerb der Fondsobjekte, Koordinierung von Eigenkapital- und ggf. Fremdkapitalbeschaffung, Überwachung und Koordinierung des Fondsbetriebes. Größe, Erfahrung und Seriosität des Initiators sind für den langfristigen Erfolg eines Geschlossenen Fondsprojektes aufgrund dieser weitreichenden Verantwortung von hoher Bedeutung.

Innerer Wert (Option)

Der innere Wert einer → *Option* gibt ihren tatsächlichen Wert bei Ausübung an und errechnet sich als Differenz zwischen → *Basispreis* und aktuellem Preis des → *Basiswerts* unter Berücksichtigung des Bezugsverhältnisses. Ist die Differenz positiv, so liegt der Schein „im Geld", ist sie negativ „aus dem Geld". Ist sie gleich null, so liegt der Schein „am Geld". (Vgl. → *Moneyness*)

Insider

Als Insider wird jemand verstanden, der aufgrund seiner Tätigkeit oder besonderen Stellung vertrauliche, nicht allgemein zugängliche Informationen über Daten, Zusammenhänge oder Vorhaben eines Unternehmens besitzt. Wer diese Kenntnisse dazu nutzt, zum eigenen oder drittem Vorteil Börsengeschäfte durchzuführen oder solche Informationen unbefugt weitergibt, handelt in vielen Ländern ungesetzlich. Das deutsche Wertpapierhandelsgesetz sieht Geld- oder Freiheitsstrafen von bis zu fünf Jahren vor. In Deutschland wird der Handel durch die Bundesanstalt für Finanzdienstleistungsaufsicht (→ *BaFin*) überwacht. In der Praxis werden zwar viele Verdachtsfälle zur Anzeige gebracht, des Öfteren nimmt auch die BaFin von sich aus Ermittlungen auf. Zu Verurteilungen kam es aber bislang nur in wenigen Fällen.

Insidergeschäfte

Handelsaktivitäten von → *Insidern.*

Insolvenz

Als Insolvenz wird der Eintritt der Zahlungsunfähigkeit eines Unternehmens bezeichnet. Die Bezeichnung Konkurs, mit der derselbe Sachverhalt gemeint ist, ist in Deutschland kein Rechtsbegriff. Kann ein Unternehmen seine Zahlungsunfähigkeit auf Dauer nicht vermeiden, ist es zur Beantragung eines Insolvenzverfahrens verpflichtet. Ziel des Insolvenzverfahrens ist die bestmögliche Lösung, in erster Linie für die Gläubiger, aber auch für andere Beteiligte zu finden. Dies geschieht entweder durch Sanierung oder Verkauf des Unternehmens als Ganzes oder durch Liquidation und Verwertung der Insolvenzmasse. Von der Unternehmensinsolvenz ist die Verbraucherinsolvenz strikt zu unterscheiden.

Insolvenzmasse

Summe der Vermögenswerte eines zahlungsunfähigen Unternehmens, aus der zunächst die Kosten der → *Insolvenz* bestritten werden, dann die → *Forderungen* der Gläubiger. Zuletzt wird noch verbleibendes → *Vermögen* an die Eigentümer ausgekehrt. Daher gehen → *Aktionäre* einer überschuldeten und zahlungsunfähigen → *Aktiengesellschaft* i. d. R. leer aus.

Institutionelle Anleger

Als institutionelle Anleger werden juristische Personen bezeichnet, die Kapital anlegen. Hierzu zählen etwa Banken, Versicherungen, → *Fondsgesellschaften*, aber auch Pensionskassen oder Versorgungswerke, die in → *Wertpapieren* anlegen oder ihre Fremdwährungsbestände absichern.

Interbanken-Handel

Nicht börsenmäßig standardisierter Handel mit → *Devisen* und → *Geld* zwischen internationalen Banken.

Interventionspunkte

Interventionspunkte markieren in einem System fester Wechselkurse Kursgrenzen, bei deren Überschreitung Notenbanken zu Interventionen am → *Devisenmarkt* verpflichtet sind, mit dem Ziel, durch Kauf oder Verkauf der Währung den → *Kurs* wieder in die gewünschte Spanne zu manövrieren.

Intraday-Handel

Bezeichnet das Kaufen und Verkaufen von → *Wertpapieren* innerhalb eines Handelstages. Ziel ist, die börsentäglichen Schwankungen eines → *Kurses* auszunutzen.

Inventarwert

Siehe → *Nettoinventarwert*

Inverse Zinsstruktur

I. d. R. ist die → *Rendite* verzinslicher → *Wertpapiere* mit langer → *Restlaufzeit* höher als die von Papieren mit kürzerer Restlaufzeit. Das liegt daran, dass Anleger üblicherweise für eine längere Überlassung des Kapitals eine höhere Entschädigung erwarten. Auf der Zeitachse abgetragen, ergibt sich so eine steigende → *Zinsstrukturkurve*.

Ist das Gegenteil der Fall, fällt diese Kurve also (negative Steigung), spricht man von einer inversen Zinsstruktur(kurve) oder einem inversen → *Markt*. Erklärt wird dies damit, dass für die Zukunft fallende → *Zinsen* erwartet werden, weswegen die Anleger vorzugsweise in langlaufende Papiere investieren, um sich deren höhere Zinsen zu sichern. Die → *Kurse* kurzlaufender → *Anleihen* sinken oder steigen langsamer, wodurch deren → *Renditen* steigen oder langsamer fallen als die der → *Langläufer*. Dieser Fall gilt als Vorbote von Rezessionen, da sich dieser Zusammenhang empirisch häufig beobachten lässt.

Investitionsgrad

Anteil, zu dem ein gegebenes → *Vermögen* in → *Geld*- oder Sachanlagen investiert ist. Bezogen auf → *Investmentfonds* handelt es sich um das → *Fondsvermögen* abzüglich der → *Barreserve*.

Investmentfonds

Ein Investmentfonds ist ein von einer Kapitalverwaltungsgesellschaft (→ *Investmentgesellschaft*) verwaltetes → *Sondervermögen*, das in Wertgegenständen wie → *Aktien*, → *Anleihen* (→ *Renten*), Immobilien, Rohstoffen und/oder → *Derivaten* angelegt wird. Man unterscheidet zwischen offenen und geschlossenen → *Fonds*. Bei offenen Fonds können Anteile zu jeder Zeit erworben, vor allem aber an den → *Emittenten* zurückgegeben werden (Ausnahme: Offene → *Immobilienfonds*). Für → *Geschlossene Fonds* gilt dies i. d. R. nicht.

Als → *Sondervermögen* bleibt das von Anlegern eingezahlte → *Geld* vom → *Vermögen* der Investmentgesellschaft getrennt und im Eigentum der Anleger, es fällt daher auch im Konkursfall nicht unter die Insolvenzmasse der Gesellschaft. Die Anzahl an Investmentfonds ist kaum überschaubar.

Investmentgesellschaft

Investmentgesellschaften, auch Fondsgesellschaften oder nach dem → *KAGB* Kapitalverwaltungsgesellschaften (KVG) genannt, sind Unternehmen, die liquide Mittel von Anlegern sammeln, um diese nach vorgegebenen Grundsätzen in diverse Anlagen zu investieren.

Investment Grade

Als Investment Grade werden → *Anleihen* bezeichnet, deren → *Bonität* (oder die des → *Emittenten*) von den Rating-Agenturen mindestens mit einem → *Rating* von BBB- (Baa3) bewertet wird. Liegt das Rating darunter, spricht man von spekulativen → *Hochzins*- oder → *High-Yield-Anleihen* oder auch von → *Junkbonds*.

Isin

Die International Security Identification Number, kurz Isin, ist ein internationaler Code zur eindeutigen Bezeichnung eines → *Wertpapiers*. Sie beginnt mit zwei Buchstaben, der Länderkennung, gefolgt von der neunstelligen alphanumerischen nationalen Kennnummer NSIN (National Securities Identifying Number) und einer einstelligen Prüfziffer.

ISMA-Rendite

International standardisierte → *Rendite* einer → *Anleihe* nach einer von der ehemaligen International Securities Market Association (ISMA, aufgegangen in der International Capital Market Association (ICMA)) eingeführten Berechnungsmethode. Unabhängig vom Zeitpunkt der tatsächlichen Zinsverrechnung werden die angefallenen → *Stückzinsen* berücksichtigt. Dabei wird immer unterstellt, dass der Zeitraum zwischen zwei Zinszahlungsterminen ein Jahr beträgt.

Jahresüberschuss

Der Jahresüberschuss eines Unternehmens entspricht nach dem Handelsrecht dem Reingewinn und ist die positive Differenz aus Erträgen und Aufwendungen. Er kann im Zuge der Erhöhung der → *Gewinnrücklagen* einer AG im Unternehmen verbleiben oder im Rahmen einer Dividendenzahlung ganz oder teilweise an die → *Aktionäre* ausgeschüttet werden. Über die Verwendung des Jahresüberschusses entscheidet die → *Hauptversammlung*. Ein negativer Jahresüberschuss wird als Jahresfehlbetrag bezeichnet.

Jahresabschluss

Der Jahresabschluss gibt Auskunft über die kaufmännischen Ergebnisse eines Unternehmens innerhalb eines Geschäftsjahres. Er ist das Ergebnis der Buchhaltung und Rechnungslegung und folgt bei seiner Aufstellung bestimmten Bilanzierungsrichtlinien, auch Standards genannt. Die wesentlichen Bestandteile sind → *Bilanz*, → *Gewinn*- und Verlust- sowie Kapitalflussrechnung. Bei Publikumsgesellschaften wird der Jahresabschluss vom → *Vorstand* aufgestellt und durch einen staatlich vereidigten Wirtschaftsprüfer auf seine Ordnungsmäßigkeit geprüft.

Joint-Venture

Gemeinschaftsunternehmen, das von zwei selbstständigen Gesellschaften im Zuge einer Kooperationsvereinbarung über den gemeinsamen Betrieb eines Unternehmens, das einzubringende Kapital, das zu liefernde Know-how und die Aufteilung des → *Gewinns* gegründet wird.

Junge Aktien

Als junge → *Aktien* werden Aktien bezeichnet, die im Rahmen einer → *Kapitalerhöhung* von einer Aktiengesellschaft ausgegeben werden. Junge Aktien werden zuerst den Altaktionären angeboten, die infolge ihrer durch den Aktienbesitz erworbenen → *Bezugsrechte* ein Vorkaufsrecht besitzen. Üben die → *Aktionäre* dieses nicht aus, so werden verbleibende junge Aktien an der → *Börse* gehandelt, bis diese die volle Dividendenberechtigung erlangt und damit den gleichen Status wie die Alt-Aktien erreicht haben.

Junkbonds

Wertende Bezeichnung für → *Hochzinsanleihen*.

Körperschaftsteuer

Die Körperschaftsteuer ist die Einkommensteuer, die bei Kapital-, also auch von Aktiengesellschaften, erhoben wird. Sie beläuft sich auf 15 Prozent des zu versteuernden Einkommens.

KAGB

Das Kapitalanlagegesetzbuch KAGB ersetzte im Jahr 2013 das Investmentgesetz von 2003. Es setzte vor allem die EU-Richtlinie über die Verwalter alternativer Investmentfonds (→ *AIFM*) in deutsches Recht um und regelte das Recht der → *Investmentfonds* neu und umfassend, indem → *Offene* und *Geschlossene Fonds* in einem Gesetz geregelt wurden. Maßgeblich ist die Unterscheidung in Fonds gemäß der → *OGAW* (→ *UCITS*)-Richtlinie und andere Fonds (→ *AIF*). Es brachte zudem schärfere Bestimmungen für offene → *Immobilienfonds*. Aus der Kapitalanlagegesellschaft (KAG) wurde die Kapitalverwaltungsgesellschaft (KVG).

Kapitaleinsatz

Das für den Kauf eines → *Wertpapiers* oder einer → *Option* aufzubringende → *Geld*.

Kapitalerhöhung

Als Kapitalerhöhung gilt die Erhöhung des Eigenkapitals einer Aktiengesellschaft durch → *Emission* von neuen → *Aktien*. Durch an Altaktionäre ausgegebene → *Bezugsrechte* können diese durch den Kauf neuer, zusätzlicher Aktien ihre prozentuale Beteiligung an der Gesellschaft halten oder durch den Erwerb zusätzlicher Bezugsrechte auch ausbauen. Bei einer Kapitalerhöhung, die durch eine Umwandlung von Rücklagen (Kapitalerhöhung aus Gesellschaftsmitteln) in → *Grundkapital* erfolgt, erhalten die Altaktionäre sogenannte Berichtigungsaktien. Dabei wird der Gesellschaft kein neues Kapital zugeführt. Eine Kapitalerhöhung kann durch die → *Hauptversammlung* nur dann genehmigt werden, wenn mindestens 3/4 der vertretenen stimmberechtigten → *Aktionäre* dieser Maßnahme zustimmen. Das Bezugsrecht kann bei einer Kapitalerhöhung auch ausgeschlossen werden, wenn die Hauptversammlung den → *Vorstand* dazu ermächtigt.

Kapitalertragsteuer

Die Kapitalertragsteuer ist Teil der Einkommensteuer und wird auf Kapitalerträge erhoben. Seit dem 1. Januar 2009 hat sie als → *Abgeltungsteuer* abgeltende Wirkung, d. h. dass Kapitalerträge maximal mit dem Steuersatz der Abgeltungsteuer besteuert werden, auch wenn der persönliche Einkommensteuersatz höher ist.

Kapitalmarkt

Der Kapitalmarkt umfasst den → *Markt* für langfristige Kredite (→ *Rentenmarkt*) und Beteiligungskapital (→ *Aktienmarkt*) und dient Unternehmen und staatlichen Institutionen zur Finanzierung von Investitionen.

Kapitalrücklage

Die Kapitalrücklage ist eine von Kapitalgesellschaften zu bildende Position auf der Passivseite der → *Bilanz* und gehört zum Eigenkapital. In ihr werden Beträge ausgewiesen, die Gesellschafter oder Aktionäre geleistet haben, die den Nennwert der Aktien oder der Anteile übersteigen (etwa das → *Agio* auf Bezugsrechte, Aktien, Wandelanleihen oder Optionsrechte). Davon zu unterscheiden ist die Gewinnrücklage, die aus nicht ausgeschütteten Gewinnen gebildet wird. In Deutschland müssen Aktiengesellschaften 10 Prozent des → *Grundkapitals* als Rücklagen zur Verlustdeckung einstellen, wobei Kapital- und Gewinnrücklage zusammengezählt werden. Solange diese 10 Prozent nicht erreicht sind, müssen jährlich 5 Prozent des → *Jahresüberschusses* in die Rücklagen eingestellt werden.

Kapitalschnitt

Als Kapitalschnitt wird die nominelle Herabsetzung des Kapitals einer Aktiengesellschaft bei gleichzeitiger effektiver → *Kapitalerhöhung* bezeichnet. Dies erfolgt i. d. R. dann, wenn die Gesellschaft hohe Verluste erlitten hat, durch die das → *Grundkapital* (zu weiten Teilen) aufgezehrt wird. Dabei wird das Grundkapital zunächst um den Bilanzverlust verringert (soweit dieser das Grundkapital nicht übersteigt), wodurch die Verlusthistorie des Unternehmens beseitigt wird. Um diesem einen Neustart zu ermöglichen, wird das Kapital anschließend erhöht. Die → *Aktionäre* kostet diese Maßnahme doppelt → *Geld*. Zum einen werden Anteile entschädigungslos eingezogen, zum anderen müssen bei der nachfolgenden Kapitalerhöhung dem Unternehmen frische Mittel zugeführt werden.

Kapitalschutz-Zertifikate

Kapitalschutz-Zertifikate richten sich an sicherheitsbedürftige Anleger. Sie bieten die Partizipation an der Kursentwicklung eines → *Basiswerts* und sichern zum Laufzeitende als Minimalergebnis die ganze oder teilweise Rückzahlung des eingesetzten Kapitals zu. Dafür verzichten Anleger auf regelmäßige Zuflüsse aus Basiswerten wie → *Zinsen* oder → *Dividenden* und/oder haben nur teilweise an der Kursentwicklung des Basiswerts teil.

Kassa-Futures-Arbitrage

Ausnutzen einer zeitweiligen Kursdifferenz eines Wertes zwischen Termin- und Kassamarkt, auch Cash-and-Carry-Arbitrage genannt. Dabei wird derselbe Wert auf Termin verkauft und am Kassamarkt erworben, falls der Preis am Terminmarkt über dem theoretischen Preis (Kassapreis plus Zinskosten für die Terminfrist abzüglich möglicher Erträge) liegt. Im umgekehrten Fall spricht man von Reverse Cash-und-Carry-Arbitrage.

Kassahandel

Alle Geschäfte, die unverzüglich nach Abschluss, spätestens aber innerhalb von zwei Börsentagen zu erfüllen sind. Gegensatz → *Terminhandel*

Kassakurs

Einheitskurs eines Werts im → *Kassahandel*, der im Gegensatz zur fortlaufenden → *Notierung* nur einmal täglich festgestellt wird, i. d. R. zur Mitte der Sitzung. An den deutschen Börsen war dieser Kurs noch bis 2011 für alle Orders maßgebend, die den → *Mindestschluss* nicht erreichten. Seit 2001 werden für fortlaufend gehandelte Aktien keine Kassakurse mehr ermittelt.

Kassenverein

Kassenvereine oder Zentralverwahrstellen sind Gesellschaften, deren Gesellschafter ausschließlich Banken sind. Sie wickeln den Wertpapiergiroverkehr ab und verwahren → *Wertpapiere*. Dadurch entfällt beim Kauf oder Verkauf von → *Aktien* das physische Versenden der Wertpapiere; diese werden vom Kassenverein verwaltet und dem jeweiligen Besitzer bis zum Weiterverkauf gutgeschrieben. Alleiniger Kassenverein in Deutschland ist derzeit die → *Clearstream* AG mit Sitz in Luxemburg, die durch die Fusion der Deutsche Börse Clearing AG (vorher Deutscher Kassenverein AG) und Cedel International entstand.

Kaufoption

Siehe → *Call*

KBV (Kurs-Buchwert-Verhältnis)

Das KBV (→ *Kurs*-Buchwert-Verhältnis) wird errechnet, indem der aktuelle Aktienkurs durch den Buchwert je → *Aktie* dividiert wird. Es gibt das Vielfache des Buchwerts an, zu dem eine Aktie an der → *Börse* gehandelt wird. Nicht berücksichtigt werden dabei stille Reserven oder Lasten, was besonders bei Beteiligungsgesellschaften die Aussagekraft einschränkt.

KCV (Kurs-Cashflow-Verhältnis)

Das → *Kurs*-Cashflow-Verhältnis ergibt sich durch Division des Aktienkurses durch den Cashflow (Mittelfluss) je → *Aktie*. Er gibt das Vielfache des Cashflows an, zu dem eine Aktie an der → *Börse* gehandelt wird. Aufgrund der Spielräume bei der Gewinnermittlung findet die Kennziffer immer mehr Beachtung, da sich der Mittelfluss nicht so leicht manipulieren lässt. Sie findet darüber hinaus Verwendung, wenn ein → *KGV* aufgrund fehlender Gewinne nicht berechnet werden kann.

KGaA

Eine KGaA ist eine Kommanditgesellschaft auf → *Aktien* und eine Spezialform einer Aktiengesellschaft. Sie ist eine Gesellschaft mit eigener Rechtspersönlichkeit, bei der mindestens ein Gesellschafter den Gläubigern unbeschränkt haftet (persönlich haftender Gesellschafter) und die übrigen Gesellschafter an dem in Aktien zerlegten → *Grundkapital* beteiligt sind, ohne persönlich für die Verbindlichkeiten der Gesellschaft zu haften (Kommanditaktionäre).

KGV (Kurs-Gewinn-Verhältnis)

Das → *Kurs*-Gewinn-Verhältnis wird errechnet, indem der aktuelle Aktienkurs durch den Gewinn je → *Aktie* dividiert wird. Es gibt das Vielfache des Gewinns an, zu dem die Aktie eines Unternehmens an der Börse gehandelt wird. Es handelt sich um die klassische Kennzahl zur Beurteilung der Ertragskraft und -entwicklung eines Unternehmens im Vergleich zu einem oder mehreren anderen, auch Price-Earning-Ratio (PER) genannt.

Aktien mit niedrigem KGV gelten als günstig bewertet. Indes hängt die Einschätzung eines KGVs auch von der Branche ab. So weisen Versicherer i. d. R. ein niedriges KGV aus. → *Wachstumswerte* können aufgrund der ihnen zugeschriebenen Zukunftschancen trotz eines hohen gegenwärtigen KGVs weiter hohes Kurspotenzial haben. Es ist insofern wichtig, die Entwicklung des (prognostizierten) KGVs zu betrachten. Aufgrund der Spielräume bei der Gewinnermittlung hat das KGV als entscheidende Bewertungsgröße in den vergangenen Jahren an Bedeutung verloren. Manche Analysten bevorzugen mittlerweile das → *KCV (Kurs-Cashflow-Verhältnis)* als Orientierungsgröße.

Kommunalanleihen

→ *Festverzinsliche Wertpapiere,* die der Finanzierung von Kommunen (Städten, Gemeinden usw.) dienen.

Kommunalobligationen

Kommunalobligationen sind festverzinsliche Teilschuldverschreibungen, die von Pfandbriefbanken herausgegeben werden und Forderungen gegen staatliche Stellen verbriefen, d. h. durch diese gedeckt sind. Sie gelten als besonders risikoarm und mündelsicher. Seit der Reform des Pfandbriefgesetzes im Jahr 2005 werden sie auch offiziell als Öffentliche Pfandbriefe bezeichnet.

Kompensation

Eine Kompensation im Wertpapiergeschäft bedeutet, dass eine Bank die Abwicklung von beauftragten Käufen und

Verkäufen desselben → *Wertpapiers* ohne die → *Börse* durchführt und intern ausgleicht.

Konsolidierung

Als Konsolidierung bezeichnet man das Ende einer meist starken Aufwärtsbewegung der → *Kurse*. Alternativ beschreibt Konsolidierung mit Blick auf die Branche den Prozess einer Konzentration unter den Anbietern in Reaktion auf eine Abschwächung der Wachstumsaussichten.

Konsortialführer

Das führende Institut im Rahmen eines → *Emissions*-Konsortiums. Siehe → *Konsortium*

Konsortium

Ein Konsortium ist im Falle der → *Emission* (Ausgabe) von → *Wertpapieren* ein Zusammenschluss von Wertpapierhäusern, das die → *Platzierung* der Wertpapiere im Rahmen einer vertraglichen Vereinbarung unter Bestimmung eines führenden Instituts (→ *Konsortialführer*) übernimmt, d. h. dafür Sorge trägt, dass die Papiere von Investoren gekauft werden können.

Kontrakt

Vertrag, etwa im Rahmen des Handels mit → *Optionen* oder Rohstoffen, mit bestimmten, häufig standardisierten Merkmalen, der beiden Vertragsparteien bestimmte Rechte und Pflichten einräumt. Er bestimmt die kleinste handelbare Einheit.

Konversion

Bei einer Konversion wird eine bestehende → *Anleihe* in eine andere umgewandelt. Die neue Anleihe hat andere → *Zins*- oder Tilgungskonditionen. Dieser Vorgang ist nur zulässig, wenn eine Mehrheit der Anleihegläubiger der Konversion zustimmt.

Konvertibilität (innere)

Besteht für eine Währung nur innere Konvertibilität, so kann diese nur von Deviseninländern in fremde Währung eingetauscht werden. Insbesondere schwache Währungen sollen so geschützt werden, indem die Notenbank nur so viel Fremdwährung für Auslandskäufe zur Verfügung stellt, wie sie durch Devisentausch einnimmt.

Konvertibilität (volle/freie)

Bei voller oder freier Konvertibilität können Währungen ohne Einschränkung in andere umgetauscht werden.

Konzern

Zusammenschluss mehrerer rechtlich selbstständig bleibender Unternehmen unter einer zumeist einheitlichen Leitung zu einer wirtschaftlichen Einheit.

Korrelation

Eine Korrelation beschreibt die Abhängigkeit einer Variablen von einer oder mehreren anderen Variablen. Gemessen wird sie durch den Korrelationskoeffizienten auf einer Skala von minus eins bis plus eins. Wenn sich etwa die

Preise zweier Anlagen fortwährend mit gleichem Aufschlag in dieselbe Richtung bewegen, beträgt der Koeffizient plus eins. Die Anlagen sind dann perfekt miteinander korreliert.

Kotierung

Kotierung (schweizerisch) bedeutet die Zulassung eines → *Wertpapiers* zum amtlichen Handel.

Kryptoanlagen

Kryptoanlagen sind nach dem Stand der Technik nicht fälsch- und duplizierbare Werteinheiten innerhalb einer → *Blockchain*. Sie können, auch gegen konventionelles Geld, erworben und gehandelt werden. Die sich so verändernden Preise ermöglichen es, damit → *Gewinne* und Verluste in der Werteinheit zu erzielen. Diese können in andere Kryptoanlagen oder konventionelles Geld überführt werden.

Kryptowährung

Sprachgebräuchliche Bezeichnung für → *Kryptoanlagen*. Inwieweit diese als Währung bezeichnet werden können, ist aber umstritten, weil ihnen weitgehend der Charakter des Geldes fehlt, da sie nur begrenzt als Tauschmittel genutzt werden und genutzt werden können.

Kulisse

Veraltete Bezeichnung für jene, die sich berufsmäßig auf eigene Rechnung am Börsenhandel beteiligen, im Gegensatz zu den Wertpapierhändlern, die nur im Auftrag einer

Bank oder deren Kunden Geschäfte abschließen. Es handelt sich um kurzfristig anlegende Investoren, die dadurch aber für mehr Liquidität sorgen.

Kupon

Ein Kupon (Coupon) bezeichnet den Zinsschein festverzinslicher → *Wertpapiere*, der die vereinbarte Verzinsung angibt und zur Vereinnahmung dieser berechtigt. Früher fester Bestandteil der Anleihenurkunde, wird er heute nur noch selten physisch ausgestellt.

Kurs

Der Kurs einer → *Aktie* bezeichnet ihren Preis im Handel. In Deutschland muss dieser seit 1969 verpflichtend als Geldbetrag angegeben werden. Bei → *Anleihen* hat sich indes die → *Notierung* als Prozentsatz des → *Nominalwerts* erhalten.

Kursabschlag

Bei Börsenkursen der rein rechnerische Kursrückgang aufgrund einer vorgenommenen Ausschüttung (→ *Dividendenabschlag*) am Tage der Auszahlung oder nach Fortfall des → *Bezugsrechts* (Bezugsrechtsabschlag). Die → *Kurse* werden an diesem Tage „ex Div(idende)" oder „ex B(ezugsrecht)/ ex BR" notiert.

Kursblatt

Amtliches Verzeichnis der Kursnotierungen vom Tage an der jeweiligen → *Börse*, das börsentäglich herausgebracht wird.

Kurs-Cashflow-Verhältnis

Siehe → *KCV*

Kurs-Gewinn-Verhältnis

Siehe → *KGV*

Kursindex

Kennziffer, die die Kursentwicklung eines Korbs von Vermögenswerten misst, ohne Berücksichtigung von Kapitalflüssen aus den enthaltenen Werten. Die Entwicklung eines Kursindex liegt damit immer unter der Entwicklung eines → *Performance-Index* oder → *Net Return Index* mit identischer Zusammensetzung.

Kursmakler

Früher amtlich bestellte und vereidigte Börsenmakler, die im → *Amtlichen Handel* für die offizielle Kursfeststellung zuständig waren.

Kurspflege

Stützung eines → *Kurses*, um diesen in einer bestimmten Spannbreite zu halten, etwa im Zusammenhang mit der Ausgabe neuer → *Aktien* durch das jeweilige Bankenkonsortium oder bei der → *Emission* einer Bundesanleihe im Zuge der Offenmarktpolitik der Bundesbank.

Kurssicherung

Absichern von Wertpapierpositionen durch Engagements in → *Derivaten*, d. h. den Kauf oder Verkauf von → *Optionen* oder → *Futures*. Ziel ist die Vermeidung oder Verringerung von Verlusten.

Kurstaxe

Die Kurstaxe ist der von einem Makler geschätzte → *Kurs* für ein → *Wertpapier*. Sie erfolgt, wenn aufgrund fehlenden Handels in einem Wertpapier eine marktbasierte Kursfeststellung unmöglich ist.

Kurswert

Der Kurswert entspricht bei → *Wertpapieren* dem Börsenkurs und dient der steuerlichen Bewertung von → *Aktien*.

Kurszusätze

Um einen möglichst vollständigen Überblick über die jeweilige Marktlage zu geben, werden → *Kurse* mitunter mit Zusätzen versehen. Sie geben nähere Informationen über die Notierung und sollen einer besseren Einschätzung der aktuellen Marktlage dienen. Bestimmte Zusätze und Hinweise werden von der → *Börsenordnung* der Frankfurter Wertpapierbörse als verbindlich vorgegeben, etwa diejenigen, die angeben, inwieweit die zum festgestellten Kurs limitierten Kauf- und Verkaufsaufträge (→ *Limit*) ausgeführt werden konnten.

Kurzläufer

Als Kurzläufer werden festverzinsliche → *Wertpapiere* bezeichnet, die entweder von vornherein nur eine kurze Laufzeit haben oder wenn diese ihrem Ende entgegengeht.

Sie reagieren im Allgemeinen weniger stark auf Veränderungen des Zinsniveaus als → *Langläufer*.

KUV (Kurs/Umsatz-Verhältnis)

Das → *Kurs*-Umsatz-Verhältnis errechnet sich durch Division des Aktienkurses durch den Umsatz einer Gesellschaft je → *Aktie*. Es gibt also an, mit welchem Vielfachen des Umsatzes eine Aktie an der → *Börse* gehandelt wird.

Lambda

Das Lambda bezeichnet den theoretischen → *Hebel* (engl. leverage) eines → *Optionsscheins*. Es gibt an, wie sich der Preis des Optionsscheins verhält, wenn sich der → *Kurs* des zugrunde liegenden → *Basiswerts* in die eine oder andere Richtung bewegt. Berechnet wird Lambda durch Division der prozentualen Veränderung des Optionsscheinpreises durch die prozentuale Veränderung des Kurses des Basiswerts. Das Lambda bereinigt den absoluten Hebel eines Scheins um sein → *Delta*.

Langläufer

Als Langläufer werden festverzinsliche → *Wertpapiere* bezeichnet, die eine lange (Rest-)Laufzeit haben, i. d. R. von mehr als zehn Jahren. Langläufer reagieren auf Zinsänderungen sensibler, weil der Zins eine größere Rolle spielt als bei einem → *Kurzläufer*.

Laufzeit (Anleihe)

Die Laufzeit einer → *Anleihe* beschreibt den Zeitraum zwischen → *Emission* und letztem Handelstag, dem Tag, an dem die → *Tilgung* erfolgt.

Laufzeit (Option)

Die Laufzeit einer → *Option* bezeichnet den Zeitraum zwischen dem aktuellen Datum und dem Tag, an dem die Option zuletzt ausgeübt werden kann. Je kürzer die → *Restlaufzeit*, desto anfälliger reagieren solche Optionen auf Kursveränderungen des zugrunde liegenden Basiswerts.

Die Laufzeit ist bei Optionen eine wichtige Kennzahl, da sie den Zeitraum angibt, in dem ein etwaiges → *Aufgeld* abgebaut werden kann.

Laufzeitfonds

Laufzeitfonds sind → *Investmentfonds*, die auf eine bestimmte → *Laufzeit* ausgelegt sind. Anleger können diese → *Fonds* während einer Zeichnungsfrist kaufen. Das investierte → *Vermögen* bleibt bis zum Laufzeitende im Fonds, eine Entnahme ist nicht oder nur schwer möglich. Gleichwohl können Anleger ihre Fondsanteile an der Börse verkaufen. Zum Ende der Laufzeit wird der Fonds aufgelöst und das Kapital einschließlich der → *Erträge* an die Anteilinhaber ausgeschüttet.

Leerverkauf

Verkauf von → *Wertpapieren*, Waren, → *Devisen*, → *Optionen* und → *Futures*-Kontrakten im Kassa- oder im → *Termingeschäft*, die sich nicht im Besitz des Verkäufers befinden. Dies geschieht zumeist mit der Absicht, diese später billiger erwerben zu können und an der Differenz zwischen Verkaufs- und Kaufpreis zu verdienen (→ *Differenzgeschäft*). Aus einem Leerverkauf entsteht eine sogenannte → *Short-Position*.

Leitbörse

Als Leitbörsen werden die wichtigsten → *Börsen* der Welt bezeichnet, denen andere Börsen in ihrer Entwicklung folgen. Globale Leitbörse ist New York.

Leitkurs

Offiziell festgelegter Wechselkurs einer Währung, um den in einem System fester Wechselkurse diese in einer vorgegebenen Bandbreite schwanken dürfen.

Leitzinsen

Von einer → *Zentralbank* festgesetzter Zinssatz, zu dem die Geschäftsbanken von dieser in bestimmten Geschäften Geld leihen können. Über die Veränderung der Leitzinsen versuchen die Zentralbanken das → *Zinsniveau*, die Kreditvergabe und letztlich die Preisentwicklung (Euroraum) oder die gesamtwirtschaftliche Entwicklung (Vereinigte Staaten, Japan) zu steuern. Als Leitzins fungiert im Euroraum der Hauptrefinanzierungssatz der Europäischen Zentralbank. Leitzins der Bank of England ist die Repo Rate. In den Vereinigten Staaten hat die Federal Funds Rate Leitzinsfunktion, in Japan die Overnight Call Rate.

Letter of Intent

Ein Letter of Intent (LOI) ist eine unverbindliche Absichtserklärung zweier Vertragspartner, meist über ein Kaufgeschäft. Er bestätigt, dass beide Seiten in Verhandlungen über einen Vertragsabschluss stehen. Der LOI begründet jedoch keinerlei Rechtsansprüche. Verkündet ein Unternehmen, dass man mit einem Kunden einen LOI unterzeichnet habe und nun einen Großauftrag erwarte, so ändert dies nichts an der rechtlichen Situation, d. h. es gibt bislang keinen Vertrag und keinen Auftrag.

Leverage

Hebelwirkung, durch die sich der Ertrag des eingesetzten eigenen Kapitals verändert. Liegt etwa der effektive Zinssatz für Kredite unterhalb der am → *Kapitalmarkt* erzielbaren → *Erträge*, kann der Anleger mittels des Einsatzes von Krediten die Rentabilität seiner Anlagen erhöhen. Verkehrt sich der Zinstrend, geht dies zulasten des Ertrags. Von einer solchen Hebelwirkung mit den entsprechenden positiven oder auch negativen Konsequenzen spricht man auch im Zusammenhang mit → *Optionsscheinen* und → *Optionen*. (Vgl. auch → *Hebeleffekt*)

Leverage-Effekt

Kann ein Anleger → *Fremdkapital* zu geringeren → *Zinsen* oder günstigeren Konditionen aufnehmen, als er mit einem Investment an → *Rendite* erzielt, so kann er dadurch den Ertrag des eingesetzten Eigenkapitals erhöhen. Der Anleger kann mehr → *Geld* investieren und so einen höheren Gesamtgewinn erzielen. Diese Hebelwirkung nennt man englisch → *Leverage*-Effekt (lever= → *Hebel*). Hat ein Investor z. B. 100.000 Euro und kann eine Marktrendite von 8 Prozent erzielen, so entsteht ein Leverage-Effekt, wenn er zusätzlich 50.000 Euro Fremdkapital zu 6 Prozent (3.000 Euro Zinsen) bekommen kann. Aus der Differenz aus Zinsaufwand und zusätzlicher Rendite (8 Prozent auf 50.000 Euro) ergibt sich eine höhere Rendite auf das eingesetzte Eigenkapital von 9 Prozent, gegenüber 8 Prozent ohne Einsatz von Fremdkapital.

Leverage-Effekt (Optionen)

In Bezug auf → *Optionen* ist der → *Leverage*-Effekt die Hebelwirkung der Option. Er gibt das Verhältnis der Option zum Basiswert an. (Vgl. → *Hebel*)

LIBOR

Der LIBOR (London Interbank Offered Rate) war ein im Londoner → *Interbanken-Handel* unter anderem für die Berechnung von Kreditzinsen ermittelter variabler Referenzzinssatz für insgesamt zehn Währungen. Für die Ermittlung stellten Banken die Zinssätze zur Verfügung, zu denen sie sich untereinander Kredite gewährten. Der LIBOR war von 1986 bis 2021 im Gebrauch. Nachdem ab Juni 2012 bekannt wurde, dass die Zinssätze durch teilnehmende Banken manipuliert worden waren, wurde der LIBOR ab dem Jahr 2022 durch andere Referenzzinssätze (→ *SONIA*, → *SOFR*) ersetzt.

Lieferung

Bei → *Optionen* stellt die Lieferung die Erfüllung der Pflichten des bei → *Zuteilung* bestimmten → *Stillhalters* einer Kaufoption oder des ausübenden Inhabers einer Verkaufsoption dar, also jeweils die Verpflichtung zur Lieferung der Ware oder des → *Wertpapiers*. Bei Terminkontrakten (→ *Futures*) werden durch die Lieferung die Pflichten der Kontraktpartei in Leerverkaufspositionen erfüllt. Üblich ist heute bei den meisten Options- und Futures-→ *Kontrakten* Lieferung und Zahlung durch → *Barausgleich* (Cash Settlement).

Limit

Als Limit gilt der → *Kurs*, zu dem eine Wertpapierorder vom Makler höchstens ausgeführt werden darf oder mindestens ausgeführt werden muss. Bei einem Kauf gibt das Limit den höchsten Kaufkurs an, während es bei einem Verkauf den Mindestkurs angibt.

Linienchart (Line Chart)

Beim Linienchart werden nur die fortlaufenden Kurse eines → *Wertpapiers* im Zeitablauf eingetragen. Durch deren Verbindung entsteht eine kontinuierliche Linie, die den Kursverlauf wiedergibt. (Vgl. → *Chart*)

Liquide Mittel

Wert der Zahlungsmittel eines Unternehmens. Dauerhaft fehlende Liquidität führt zur Zahlungsunfähigkeit und → *Insolvenz*. Auf der anderen Seite gilt eine zu hohe → *Liquiditätsreserve* als ineffiziente Mittelverwendung.

Liquiditätsreserve

Bei → *Geschlossenen Fonds* stellt die Liquiditätsreserve denjenigen Teil der laufenden Überschüsse dar, der nicht ausgeschüttet, sondern als Sicherheitspolster im → *Vermögen* des Fonds verbleibt. Hieraus können unvorhergesehene Kosten bestritten werden, ohne dass sich dies unmittelbar auf die Ausschüttungen auswirkt.

Lombardsatz

Der Lombardsatz war der Zinssatz, zu dem sich Banken bei der Bundesbank durch Verpfändung von → *Wertpapieren*

Liquidität beschaffen konnten. Er zählte zu den → *Leitzinsen* und wurde durch den Spitzenrefinanzierungssatz der Europäischen → *Zentralbank* abgelöst (vgl. → *Diskontsatz*). Der Lombardkredit ist ein besicherter Kredit, bei dem der Kreditgeber unmittelbar oder mittelbar Besitzer der Kreditsicherheit wird und diese in Verwahrung nimmt oder verwahren lässt. Der Kreditnehmer bleibt weiterhin Eigentümer. Der Besitz berechtigt das Kreditinstitut zur Verwertung, wenn der Kreditnehmer seinen Zahlungsverpflichtungen nicht nachkommt. Bei gehandelten Wertpapieren muss die Verwertung über eine Börse oder einen Makler erfolgen.

Long-Position

Position, die durch den Kauf eines → *Kontrakts* oder → *Basiswerts* entsteht. Gegenteil: → *Short-Position*

Luxemburger Fonds (deutscher Provenienz)

Luxemburg ist der mit Abstand wichtigste Standort in Europa für aktiv gemanagte Fonds. Bei → *Fonds*, die von Luxemburger Tochtergesellschaften deutscher KVGs nach Luxemburger Recht aufgelegt werden, spricht man von deutscher Provenienz.

MACD

Der Moving Average Convergence-Divergence ist eine wichtige Größe der technischen Analyse. Er bedient sich eines Diagramms zum Erkennen von Kauf- und Verkaufssignalen im Kursverlauf von Börsentiteln. Der MACD berechnet sich aus exponentiellen, gleitenden Durchschnitten. Zuerst werden dabei zwei gleitende Durchschnitte unterschiedlicher Länge berechnet, meist ein 12-Tage- und ein 26-Tage-Durchschnitt. Letzteren zieht man vom ersten ab, woraufhin man eine Reihe von Werten erhält, die „schnelle Linie“ genannt wird. Aus dieser bildet man wiederum eine 9-Tage-Durchschnittslinie, „langsame Linie“ genannt. Beide Linien werden nun in ein Diagramm eingezeichnet. Kaufsignale ergeben sich, wenn die schnelle Linie die langsame von unten nach oben schneidet, Verkaufssignale, wenn sie die langsame von oben nach unten schneidet.

Make-Whole-Prämie

Eine Make-Whole-Prämie ist die Gegenleistung eines → *Emittenten* von → *Anleihen* an Gläubiger für das Recht, die Anleihe jederzeit vorzeitig zu kündigen. Nach gesetzlicher Definition entspricht die Make-Whole-Prämie der Summe des Nettobarwertes der nicht erhaltenen Zinszahlungen bis zur Fälligkeit und des Nominalbetrags der Anleihe. In der Praxis werden zudem zusätzliche Aufschläge gezahlt. Make-Whole-Prämien sind bei amerikanischen Anleihen weit verbreitet. Dies führt bei Anleihen, die aufgrund einer kleinen Mindestanlagesumme auch von Privatanlegern gekauft werden können, dazu, dass möglicherweise ein eigenes Basisinformationsblatt veröffentlicht werden muss. Dies hat diesen den Zugang deutlich erschwert.

Management Buy-Out

Übernimmt die Geschäftsführung die Anteile einer Gesellschaft mehrheitlich, so spricht man von einem Management Buy-Out (MBO). I. d. R. werden solche Transaktionen nicht nur aus dem Privatvermögen der Geschäftsführung finanziert, sondern unter Zuhilfenahme einer Bank oder anderer Investoren. Im Falle einer (überwiegenden) Fremdfinanzierung spricht man von einem Leveraged-Buy-Out (LBO). Davon abzugrenzen ist ein Management Buy-Out bei einer angeschlagenen Gesellschaft.

Managementgebühr (Management Fee)

Siehe → *Verwaltungsvergütung*

Managementstil

Ein → *Fonds* kann nach unterschiedlichen Investmentansätzen verwaltet werden. Unterschieden werden i. d. R. → *Top-Down-* und → *Bottom-Up-Ansatz*. Vor allem Nebenwertefonds werden i. d. R. nach dem Bottom-Up-Ansatz gemanagt.

Marge (Margin)

Mit Marge wird im Derivatehandel die Sicherheitsleistung bezeichnet, die der Erwerber der Papiere leisten muss. Der → *Broker* kann bei negativer Kursentwicklung auch eine Erhöhung der Marge verlangen, solange dies nicht gesetzlich ausgeschlossen ist.

Margin Call

Entwickelt sich ein Terminkontrakt zu Ungunsten des Anlegers, wird der Verlust aus seiner → *Marge* gedeckt. Sinkt dadurch der Saldo des Margenkontos unter die sogenannte Erhaltungsmarge, wird der Anleger aufgefordert, → *Geld* nachzuzahlen.

Mark-to-Market

Mark-to-Market beschreibt den börsentäglichen Bewertungsvorgang von offenen Positionen. Sie wird aber auch im Unterschied zum deutschen → *HGB* im internationalen Bilanzierungsstandard → *IFRS* verwendet. Dies führt bei starken Kursverlusten an den Börsen mitunter zu erheblichen Verlusten in den Bilanzen.

Market Maker

Als Market Maker werden Börsenmitglieder bezeichnet, die für bestimmte → *Wertpapiere* → *Geld-* und → *Briefkurse* stellen und auf eigenes Risiko und Rechnung selbst handeln. Sie gewährleisten dadurch in vielen Fällen erst eine hinreichende Liquidität. Meist handelt es sich bei ihnen um Banken oder → *Broker*. Im Handel mit ETF sind sie die zentralen Akteure.

Market-Timing

Unter Market-Timing versteht man den Versuch, den → *Ertrag* aus einer Vermögensanlage durch richtige Terminierung zu maximieren. Versucht wird, den Vermögenswert nahe am Tiefstkurs zu kaufen und nahe am Höchstkurs zu verkaufen. Market-Timing erfordert ein hohes Maß an Wissen über alle Faktoren, die die Wertentwicklung des Vermögenswertes beeinflussen sowie eine korrekte Einschätzung der Marktentwicklung. Das Fehlerrisiko ist daher recht hoch. Ob Market-Timing überhaupt möglich ist, oder ein richtiges Timing nur Zufall ist, ist umstritten. Das Gegenteil von Market-Timing oder Timing the market ist → *Time in the market*. Darauf setzt auch der → *Cost-Average-Effekt*, bei dem der Kaufpreis durch regelmäßigen Kauf einen akzeptablen Durchschnittswert annehmen soll.

Markt

Als Markt bezeichnet man den Ort, an dem Angebot und Nachfrage für ein bestimmtes Gut zusammentreffen (z. B. der Arbeitsmarkt für das Angebot an Arbeitskraft oder die Wertpapierbörse für das Angebot an → *Wertpapieren*). Dadurch bildet sich der (Markt-)Preis für dieses Gut. Vereinfacht dargestellt steigt der Preis bei hoher Nachfrage und sinkt bei niedriger Nachfrage.

Marktenge

Marktenge beschreibt eine Situation, in der der durchschnittliche Tagesumsatz eines Wertpapiers so niedrig ist, dass (größere) Aufträge nicht an einem einzigen Börsentag abgewickelt werden können. Die Ursache dafür kann sein, dass entweder die Gesamtzahl der handelbaren Einheiten gering ist oder sich der größte Teil der → *Wertpapiere* in wenigen festen Händen befindet und nicht zum Verkauf steht. Ein anderer Grund kann geringe Nachfrage sein. In engen Märkten kann es durch einzelne Aufträge zu großen

Kursausschlägen kommen, wenn diese nicht mit einem → *Limit* versehen sind. Betrifft diese Marktenge nicht nur einen Einzelwert, sondern die Gesamtsituation einer → *Börse*, spricht man auch von einer „engen Börse“, ist dies ein grundsätzliches Problem, spricht man auch von einer „Exotenbörse“.

Marktkapitalisierung

Die Marktkapitalisierung ist der Wert, mit dem ein Unternehmen an der Börse bewertet wird. Sie ergibt sich aus der Multiplikation von aktuellem Aktienkurs und der gesamten → *Aktienanzahl.*

marktkonform

Konditionen eines festverzinslichen → *Wertpapiers* sind marktkonform, wenn die Verzinsung und Bedingungen den aktuell üblichen entsprechen.

Marktrisiko

Die Wertentwicklung von Vermögensanlagen hängt auch von der Entwicklung von Faktoren ab, die nicht unmittelbar mit den Vermögenswerten selbst zu tun haben. Dazu gehört die allgemeine Entwicklung von Markt-Parametern wie → *Zinsen* und Wechselkursen oder den → *Kursen* der betreffenden, aber auch anderen Anlageklassen.

Maximaler Verlust

Bezeichnet den stärksten Wertrückgang eines → *Fonds* oder Index innerhalb eines bestimmten Zeitraums. Dazu werden rollierende Perioden betrachtet, d. h. der maximale Verlust wird berechnet für den Zeitraum Januar bis Juni, gefolgt von Februar bis Juli, März bis August usw.

M-Dax

Der Midcap-Index der Deutschen → *Börse*, M-Dax, besteht aus den 50 liquidesten Aktienwerten nach den 40 Dax-Mitgliedern. Der Index wird analog zum Dax während der Börsenzeit als → *Performance-Index* und als → *Kursindex* berechnet, wobei in der Öffentlichkeit vor allem der Performance-Index betrachtet wird, was die internationale Vergleichbarkeit erschwert. Die Zusammensetzung wird regelmäßig viermal jährlich durch den → *Vorstand* der Deutsche Börse AG auf Empfehlung des Arbeitskreises Aktienindizes überprüft. (Vgl. → *Dax*)

Mid-Cap

→ *Aktie* mittlerer Marktkapitalisierung. Die Definition, wann ein Wert als Mid-Cap gilt, wird unterschiedlich gefasst, richtet sich auch nach der Niveauhöhe der Marktkapitalisierungen am → *Aktienmarkt*. Im Jahr 2023 gelten zumeist Aktien mit einer Marktkapitalisierung von 2 bis 10 Milliarden Dollar als Mid-Caps.

Mid-Cap-Fonds

Englische Bezeichnung für → *Fonds*, die in → *Aktien* von Unternehmen mit „mittlerer Marktkapitalisierung" investieren. Meist weisen → *Mid-Caps* ein niedrigeres Handelsvolumen als Standardwerte („Blue Chips") auf. Mid-Caps sind etwa die 50 Unternehmen des Börsenindex → *M-Dax*.

Mindestanlage

Fast alle → *Fondsgesellschaften* verlangen für die Erstanlage sowie für alle weiteren Investments in ihre → *Investmentfonds*, dass Anleger einen Mindestbetrag je → *Fonds* investieren. Damit werden auch häufig Privatanleger aus einer bestimmten → *Tranche* eines Fonds ausgeschlossen. Auch für die Einrichtung eines Fonds-→ *Sparplans* ist üblicherweise eine Mindestanlagesumme vorgesehen.

Mindestreserve

Kreditinstitute sind verpflichtet, einen bestimmten Prozentsatz ihrer kurz- und mittelfristigen Einlagen (Giro-, Termin- und Spareinlagen) als unverzinsliche Guthaben bei der Europäischen → *Zentralbank* (EZB) zu halten. Ursprünglich diente diese Mindestreserve allein der Sicherheit des Kunden und der jederzeitigen Zahlungsfähigkeit der Bank. Die EZB kann die Höhe der Mindestreserven (den Prozentsatz) innerhalb bestimmter Grenzen verändern. Damit sind diese ein Mittel der Kreditpolitik. Durch eine Erhöhung der Mindestreservesätze werden die für die Kreditvergabe verfügbaren Mittel der Banken knapper.

Mindestschluss

Als Mindestschluss bezeichnet man die Wertpapiermenge, die erreicht sein muss, damit eine Kursnotierung im variablen Handel erfolgt und damit auch der Abschluss eines Börsengeschäfts zu diesen Konditionen möglich ist. Darunter liegende Stückzahlen wurden früher täglich zum → *Kassakurs* abgerechnet. Für → *Aktien* liegt der Mindestschluss seit 1999 bei einer Aktie, bei → *Anleihen* ergibt er sich aus der Mindestanlagesumme.

Mindeststückzahl

Vorgeschriebene, nicht unterschreitbare Handelseinheit, vor allem beim Kauf von → *Optionen*.

Mindestzeichnungssumme

Die Mindestzeichnungssumme bezeichnet den Betrag, den Anleger zum Erwerb eines → *Wertpapiers* oder von Fondsanteilen mindestens aufwenden müssen. Er ist nicht zu verwechseln mit der Mindeststückelung, die geringer sein kann. Liegt etwa die Mindestzeichnungssumme bei 50.000 Euro und die Stückelung bei 1.000 Euro, so ist eine Zeichnung ab 50.000 Euro möglich, der nächsthöhere Betrag wären 51.000 Euro. Allzu geringe Mindestzeichnungsbeträge können für Anleger von Nachteil sein, da die anteiligen Kosten gegenüber den anteiligen → *Erträgen* vergleichsweise hoch ausfallen können.

Mischfonds

Mischfonds können gemäß ihrer Anlagebedingungen in unterschiedlichen Wertpapierklassen anlegen. Zentrale Anlageklassen sind dabei liquide Wertpapiere, also Aktien und Anleihen. Mischfonds unterscheiden sich in erster Linie durch unterschiedliche Gewichtungen von → *Aktien* und → *Anleihen*. Für alle Gattungen existieren i. d. R. Ober- und Untergrenzen.

Modifizierte Duration

Im Unterschied zur → *Duration*, die die durchschnittliche Bindungsdauer des Kapitals in einem festverzinslichen → *Wertpapier* in Jahren angibt, setzt die Modifizierte Duration (Modified Duration) diese ins Verhältnis zum → *Zins*. Sie ist ein vergleichsweise einfaches Maß der Zinssensitivität einer → *Anleihe* und gibt deren relative Wertveränderung bei einer Zinsänderung an. Eine Modifizierte Duration von 5 indiziert, dass der Kurs einer Anleihe um ungefähr 5 Prozentpunkte fallen wird, wenn der Marktzins um einen Prozentpunkt steigt. Das Konzept unterstellt allerdings einen linearen Zusammenhang zwischen Zins- und Kursänderung. Das ist aber nicht der Fall, weil Anleihen nicht identisch auf Zinsänderungen reagieren. Daher ist die Modifizierte Duration nur für Zinsänderungen von bis zu 0,5 Prozentpunkten aussagekräftig.

Momentum

Das Momentum ist eine wichtige Größe der technischen Analyse. Es gibt Aufschluss über Tempo und Kraft von Kursbewegungen sowie über Trendumkehrungen. Es errechnet sich aus der fortlaufenden Division des aktuellen → *Kurses* mit dem vor x Tagen. Das Ergebnis ist eine Kurve (die Momentumkurve), deren Ausprägung von der gewählten Periodenlänge x abhängt. Charttechniker wählen i. d. R. 12-30 Tage für kurz- und 20-35 Tage für längerfristige Betrachtungen. Die Momentumkurve kann wie ein → *Chart* analysiert werden. Wendepunkte im unteren Bereich der Kurve können als Kauf-, Wendepunkte im oberen Bereich können als Verkaufssignale gewertet werden.

Moneyness

Moneyness bezeichnet in Bezug auf einen → *Optionsschein* das Verhältnis des aktuellen → *Kurses* des → *Basiswerts* zum Ausübungspreis (Strike). Unterschieden werden dabei „im Geld", „am Geld" oder „aus dem Geld".

- „Im Geld" ist der Schein, wenn der aktuelle Kurs des Basiswerts im Fall einer → *Call-Option* über und im Fall einer → *Put-Option* unter dem Ausübungspreis liegt.
- „Am Geld" ist der Schein, wenn der Ausübungspreis gleich dem Preis des Basiswertes ist.
- „Aus dem Geld" ist der Schein, wenn der aktuelle Kurs des Basiswerts im Fall einer Call-Option unter und im Fall einer Put-Option über dem Ausübungspreis liegt.

Nur Optionsscheine, die „im Geld" sind, haben bei Ausübung einen inneren Wert und bringen einen Gewinn.

MSCI

Abkürzung für Morgan Stanley Capital International, ein Finanzdienstleister, der zahlreiche internationale Branchen- und Länderindizes berechnet. Diese haben für viele → *Fondsmanager* große Bedeutung als Vergleichsmaßstab (→ *Benchmark*) für ihre Portfolios. Wichtigster Index ist der MSCI World, der als globaler Aktienindex Verwendung findet.

MTF

MTF steht für Multilateral Trading Facility. Dabei handelt es sich um Handelssysteme, an denen es keine Anforderungen und Zulassungsfolgepflichten für die dort gehandelten Finanzinstrumente und deren → *Emittenten* gibt. Insider-

Handel und Marktmanipulation sind allerdings auch dort verboten. Im Unterschied zu → *Börsen* kann Handel aber auch intern betrieben werden, d. h. eine → *Order* erfüllt werden, ohne dass diese öffentlich wird. Das gilt besonders beim Betrieb durch Finanzinstitute. In der Praxis ist die Unterscheidung zwischen einer Börse und einem MTF mitunter schwierig, u. a. deswegen, weil auch Börsen MTF betreiben. Am ehesten sind sie vergleichbar mit dem, was früher der → *Freiverkehr* an Börsen war.

Mutual Fund

Amerikanischer Ausdruck für einen offenen → *Investmentfonds*.

Nachbörse

Der außerhalb der Verantwortung der → *Börse* nach Börsenschluss stattfindende Handel, im Wesentlichen eine Domäne professioneller Investoren.

Nachhaltigkeit

Mit dem Begriff „Nachhaltigkeit“ wird eine Wirtschaftsweise bezeichnet, die öko-sozialen Aspekten und einer guten Unternehmensführung mehr Beachtung schenkt als eine eng gefasste Definition des „shareholder value“ im Sinne einer kurzfristig orientierten Ertragsmaximierung. Im Grunde betont „nachhaltiges Wirtschaften“ daher Langfristigkeit im Sinne einer Schonung natürlicher, einschließlich menschlicher Ressourcen sowie die Wiederentdeckung des Leitbilds vom guten Kaufmann. Nachhaltiges Investieren soll diese Wirtschaftsweise unterstützen.

Nachhaltigkeitsfonds

Siehe → *ESG-Fonds*

Nachrangkapital

Nachrangkapital sind Verbindlichkeiten, die in ihrer Rangfolge anderen Verbindlichkeiten nachgeordnet sind. Im Falle eines Konkurses oder der Liquidation werden nachrangige Verbindlichkeiten erst nach Befriedigung aller nicht-nachrangigen Gläubiger zurückgezahlt. Wegen dieses höheren Risikos wird nachrangiges → *Fremdkapital* höher verzinst als nicht-nachrangiges Fremdkapital. Eigenkapital ist grundsätzlich nachrangig.

Namensaktien

Namensaktien sind (im Unterschied zu → *Inhaberaktien*) Aktien, die auf den Namen des Inhabers eingetragen sind. Beim Verkauf bedarf es Indossaments zur Übertragung der mit der → *Aktie* verbundenen Rechte. Vgl. → *Namensaktien (vinkuliert)*

Namensaktien (vinkuliert)

Die Übertragung von → *Namensaktien* kann von der Zustimmung der übrigen Gesellschafter abhängig gemacht werden. In diesem Fall bezeichnet man diese Namensaktien als vinkuliert.

Nasdaq

Die oft als Technologiebörse bezeichnete Nasdaq (National Association of Securities Dealers for Automated Quotation) wurde 1971 als erste elektronische → *Börse* gegründet. Ihr Ziel war zunächst, ein landesweites System zu etablieren, das an jedem Ort der Vereinigten Staaten jederzeit ermöglicht, einen aktuellen → *Kurs* der gehandelten → *Aktien* zu erhalten. Da sich zunächst vor allem junge Unternehmen in diesem Computerhandelssystem erfassen ließen, wurde das System zum Kursprovider für → *Wachstumswerte*. Heute ist die Nasdaq eine Handelsplattform für mehrere Tausend Unternehmen, die in zahlreichen Branchen, wie dem Gesundheitswesen oder den Finanzdienstleistungen, zuhause sind.

Nebenwerte (= Mid caps oder Small caps)

Alle → *Aktien*, die nicht zu den → *Standardwerten* oder → *Blue Chips* gehören. Eine Unterscheidung zwischen Aktien mit mittlerem (Mid → *Caps*) oder niedrigem (Small Caps) Börsenwert gibt es in der deutschen Sprache nicht. Nebenwerte werden auch als Red Chips bezeichnet.

Nemax

→ *Aktienindex* des ehemaligen Frankfurter → *Neuen Marktes*. Der Nemax All Share beinhaltete alle Werte, die am Neuen Markt gehandelt wurden. Der Index Nemax 50 beinhaltete die von der Marktkapitalisierung 50 größten Aktienwerte. Der Nemax 50 wurde nach Einstellung des Neuen Marktes durch den 30 Werte umfassenden → *TecDax* abgelöst.

Nennwert

Siehe → *Nominalwert*

Neobroker

Finanzdienstleister, die Börsenhandel und andere finanzielle Dienstleistungen in erster Linie via Smartphone anbieten, werden gemeinhin als Neobroker bezeichnet. Bei diesen steht in aller Regel der Kundenkomfort wie ein einfacher Zugang im Vordergrund der Dienstleistung. Ihre Gebühren sind i. d. R. niedriger als die herkömmlicher Direktbanken, speziell in Deutschland nicht zuletzt, weil sie Einnahmen über sogenannte → *Payment-for-order-flows* (PFOF) erzielen.

Net Return Index

Kennziffer, die die Kursentwicklung eines Korbs von Vermögenswerten unter Berücksichtigung von Kapitalflüssen aus den enthaltenen Werten und deren steuerliche Belastung misst. Dabei wird letztere pauschalisiert nach den lokalen steuerlichen Gegebenheiten berechnet. Die Entwicklung eines Net Return Index ist daher vorwiegend für Steuerinländer interessant. Sie liegt immer unter der eines → *Performance-Index,* aber über der eines → *Kursindex* mit identischer Zusammensetzung.

Nettodividende

Aus Anlegersicht der tatsächlich dem Anleger pro Anteil gutgeschriebene Dividendenbetrag, also abzüglich der → *Abgeltungsteuer.* Aus Unternehmenssicht die an die Aktionäre ausgekehrte Ausschüttung, also abzüglich der zu zahlenden Körperschaftsteuer. Gegensatz: → *Bruttodividende*

Nettoinventarwert

Der Nettoinventarwert, auch Net Asset Value (NAV), eines → *Investmentfonds* ist die Summe aller bewerteten Vermögensgegenstände in einem Fonds abzüglich sämtlicher Verbindlichkeiten, wobei diese zumeist nur bei Hedgefonds, mitunter auch bei → *AIF,* eine wesentliche Rolle spielen. Er wird üblicherweise täglich von der → *Depotbank* berechnet und auf die Fondsanteile umgelegt. Der Nettoinventarwert entspricht bei börsengehandelten → *Fonds* nicht zwangsläufig dem → *Kurs,* da in diesen auch Erwartungen eingehen.

Neuemission

Neu herausgegebenes → *Wertpapier* mit oder ohne Notierung an einem Handelsplatz oder an einer → *Börse*.

Neuer Markt

Ehemaliges Börsensegment für Wachstumsaktien der Deutschen Börse, das zwischen 1997 und 2003 existierte. Das Segment sollte innovativen Unternehmen auf einfache Weise zu Risikokapital verhelfen und erlebte seinen Höhepunkt während des Technologiebooms zur Jahrtausendwende. In der folgenden → *Baisse* gerieten viele der Wachstumsunternehmen unter Druck und konnten die hochgesteckten Erwartungen nicht erfüllen. Skandale verschärften die Situation. Dadurch und wegen der starken Kursrückgänge geriet der Neue Markt in Verruf und wurde 2003 endgültig geschlossen.

New High / New Low

Index, der das Verhältnis der → *Aktien* angibt, die einen neuen Höchst- oder Tiefststand innerhalb eines bestimmten Zeitraums erreicht haben. Die New High/New Low Darstellung eignet sich dazu, den aktuellen → *Trend* zu erkennen. Solange es mehr New-Highs als New-Lows gibt, geht man von einer Fortsetzung des Aufwärtstrends aus. Vorsicht ist geboten, wenn ein Indexhoch nicht von einem Hoch in den New-Highs bestätigt wird. Dies zeigt eine technische Schwäche an und deutet auf einen Trendwechsel hin. Trendbestätigend ist ein Indexhoch, das von einem New-High begleitet wird.

New York Stock Exchange

Als NYSE abgekürzt, ist sie die nach Marktkapitalisierung größte → *Börse* der Welt, wegen ihrer Lage an der New Yorker → *Wall Street* auch einfach „Wall Street" genannt. Die NYSE fusionierte 2007 mit der europäischen Mehrländerbörse Euronext. 2013 übernahm die in Atlanta ansässige Börse Intercontinental Exchange (ICE) die NYSE Euronext, nachdem eine Fusion mit der Deutschen Börse am Einspruch der Kartellbehörden gescheitert war. 2014 wurde die NYSE wieder von der Euronext abgespalten und letztere an die Börse gebracht. Die NYSE verblieb bei der ICE.

Nichtveranlagungsbescheinigung

Vom Finanzamt ausgestellte Urkunde, wonach ein Anleger nicht zur Einkommensteuer veranlagt wird und ihm deshalb der Gesamtertrag aus dem Besitz an → *Wertpapieren* (→ *Dividende*, → *Zinsen*, → *Erträge* aus → *Investmentanteilen* usw.) zusteht und diese nicht der Besteuerung „an der Quelle" unterliegen. In diesem Fall wird bei Überschreitung des → *Sparerfreibetrags* keine → *Abgeltungsteuer* abgezogen.

No-Load-Fonds

No-Load-→ *Fonds* sind → *Investmentfonds*, die ohne → *Aufgeld* (Ausgabeaufschlag, → *Agio*) verkauft werden. Zumeist ist aber die Verwaltungsvergütung höher. Sie eignen sich besser für eine kürzere Anlagezeit und werden daher auch → *Trading-Fonds* genannt.

Nominalwert

Der Nominalwert oder → *Nennwert* gibt bei einer → *Aktie* den Wert an, mit dem die Aktie am → *Grundkapital* beteiligt ist. Dieser betrug in Deutschland zunächst 50, später 5 D-Mark. Im Zusammenhang mit der Umstellung von auf DM-Beträge lautenden Aktien auf Euro (der Nennwert muss auf ganze Zahlen lauten), erfolgte durch das „Gesetz über die Zulassung von Stückaktien" die Zulassung nennwertloser Aktien (Stückaktien), die prozentual am Grundkapital beteiligt sind. Bei → *Anleihen* oder Schuldverschreibungen ist der Nennwert der jeweilige Teilbetrag einer Schuldverschreibung, in den diese aufgeteilt wurde. Dies sind am häufigsten 1.000 oder 50.000 Euro.

Nominalzins

Der Nominalzins entspricht bei einer → *Anleihe* dem → *Kupon*. Es ist der Zinssatz, der i. d. R. jährlich auf den → *Nominalwert* der Anleihe bezahlt wird. (Vgl. auch → *Realzins* und → *Effektivverzinsung*)

Notierung

Der → *Kurs* eines → *Wertpapiers*, auch Notiz genannt.

Notification Day

Am Notification Day hat der Verkäufer eines Terminkontrakts zum letzten Mal die Gelegenheit, den Käufer über die Eigenschaften des gekauften → *Basiswerts* (primär Waren) und den Liefertermin zu informieren.

Nullkuponanleihen

Bei Nullkuponanleihen (engl: → *zero bonds*) erhält der Käufer keine jährlichen Zinszahlungen (der → *Kupon* beträgt 0 Prozent), Nullkuponanleihen werden immer zu 100 Prozent zurückgezahlt. Bei der → *Emission* liegt allerdings der → *Ausgabepreis* unter 100 Prozent. Ein Investor zahlt z. B. 80 Euro ein und erhält nach vier Jahren 100 Euro zurück. Der interne Zinssatz beträgt in diesem Fall 5,74 Prozent.

Obligation

Dem ursprünglichen Sinn nach ein festverzinsliches → *Wertpapier*, durch das sich der Aussteller (→ *Emittent*/Schuldner) gegenüber dem Inhaber der Urkunde zur Zahlung eines bestimmten Betrages zzgl. einer entsprechenden Vergütung (→ *Zinsen*) für das zur Verfügung gestellte Kapital verpflichtet. Je nach Herausgeber unterscheidet man zwischen Kommunal-, Bank- und Industrieobligationen. Der Begriff Obligation ist übergeordnet zu → *Anleihen*, Pfandbriefen usw. In Deutschland wird das Wort allerdings hauptsächlich im Zusammenhang mit der fünfjährigen Bundesanleihe gebraucht, um diese von der zehnjährigen zu unterscheiden. Weitaus gebräuchlicher ist es in der Schweiz, womit rechtlich ein Schuldverhältnis bezeichnet wird. Ansonsten wird dort das Wort Obligation auch für Anleihen gebraucht.

OBOS-Oszillator

Der Überkauft-/Überverkauft-Indikator zeigt Marktlagen an, in denen dieser überkauft oder überverkauft ist. Ist der → *Markt* durch massive Käufe überkauft, so tritt danach meist eine Verkaufswelle ein, in der die → *Kurse* wieder sinken. Ist der Markt durch massive Verkäufe überverkauft, so tritt eine Kaufwelle ein, in der die Kurse steigen. Diese Situationen versucht der OBOS-Oszillator aufzuzeigen. Werte von mehr als 90 Prozent lassen einen Kursrückgang, Werte unter 10 Prozent eine Kurssteigerung erwarten.

Odd Lot

Als „Odd Lot“ werden Handelsaufträge bezeichnet, die geringer sind als die den Gepflogenheiten entsprechende

Stückzahl, in den USA für → *Aktien* weniger als 100 Stück. Diese Aufträge werden dort bisweilen nachrangig bearbeitet und es werden darauf höhere Gebühren erhoben.

Offener Fonds

Offene → *Fonds* (→ *Publikumsfonds*) sind Fonds, die i. d. R. ohne Laufzeitende und Volumenbegrenzung aufgelegt werden. Die → *Fondsgesellschaft* gibt je nach Bedarf neue Anteile aus und nimmt ausgegebene Anteile zurück. Offene Fonds fallen in der EU i. d. R. unter die → *OGAW* (→ *UCITS*)-Richtlinie. Gegenteil: → *Geschlossener Fonds*

Offshore-Funds

Offshore-Funds haben ihren Standort in Ländern ohne spezielle Investmentgesetzgebung und unterliegen somit nicht der im Inland üblichen Regulierung. Zusätzlich weisen diese Länder meistens steuerliche Vorteile auf. Als typische Offshore-Länder gelten etwa: Bahamas, die Britischen Jungferninseln, die Cayman-Inseln, Guernsey, Hongkong, Isle of Man, Jersey, Liechtenstein, Mauritius oder Panama.

OGAW

OGAW ist die Abkürzung für „Organismus für gemeinsame Anlagen in Wertpapieren". Es handelt sich dabei um eine EU-Richtlinie aus dem Jahr 1985, die 2008 überarbeitet wurde (OGAW IV). Diese definiert die Anforderungen an einen → *Investmentfonds* und eine → *KVG*. Sie regelt die zulässigen Vermögenswerte, in die ein → *Fonds* unter diesen Bestimmungen investieren darf und schreibt Pflichtinformationen wie → *Verkaufsprospekt* und Berichte vor, für die sie einheitliche Standards setzt. OGAW-Fonds dürfen nur in übertragbaren und liquiden Vermögensgegenständen anlegen. Dazu gehören → *Aktien*, → *Anleihen*, andere Fonds, Finanzderivate sowie Einlagen und bestimmte Geldmarktinstrumente. Kreditaufnahme und ungedeckte Leerverkäufe sind ihnen untersagt, ebenso Anlagen in Edelmetallen. Die OGAW-Richtlinie wurde 2011 in das Investmentgesetz übernommen, das zwei Jahre später durch das → *KAGB* ersetzt wurde.

On-Balance-Volume

Die On-Balance-Volume-Linie (OBV) bezieht sich auf die Umsatzzahlen der → *Aktie*. Da ein massives Aufkaufen bzw. Abgeben von Aktien sich unweigerlich in einer Veränderung des Handelsvolumens niederschlägt, nutzt der OBV-Indikator dieses als Berechnungsgrundlage. Das absolute Niveau der OBV-Linie ist ohne Bedeutung. Ein Signal ergibt sich, wenn Kurslinie und OBV-Linie nicht den gleichen Verlauf haben. Steigt der → *Kurs*, aber fällt das Volumen über eine längere Zeit, so kann ein baldiges Fallen der Kurse angenommen werden (fallende OBV-Linie). Fällt der Kurs, aber steigt das Volumen über eine längere Zeit, so ist ein baldiges Ansteigen der Kurse wahrscheinlich (steigende OBV-Linie).

Open Market

Das Handelssegment „Open Market" (bis 2005 „Freiverkehr") ist das zweite Segment der Frankfurter Börse neben dem → *Regulierten Markt*. Im Unterschied zu diesem wird der Open Market nicht durch EU-Bestimmungen reguliert, sondern durch die Börse selbst. Er ist daher auch kein organisierter Markt im Sinne des Wertpapierhandelsgesetzes. Die → *Wertpapiere* bzw. die Unternehmen unterliegen im Open Market weniger strengen Einbeziehungsvoraussetzungen und die → *Emittenten* keinen Folgepflichten. So bedarf es etwa keines gebilligten Zulassungsprospekts. Im Rahmen der sogenannten Ad-hoc-Publizität ist ein Emittent jedoch verpflichtet, über wesentliche Umstände bezüglich der Wertpapiere oder des Emittenten unverzüglich und schriftlich zu informieren. Der weitaus größte Teil der gehandelten Wertpapiere entfällt auf → *Optionsscheine* und → *Zertifikate*, während → *Aktien* und → *Anleihen* nur einen kleinen Teil des Markts ausmachen. Aktienemissionen im Freiverkehr sind meist von geringer Größe, entweder weil die Unternehmen selbst klein sind oder aber weil der → *Streubesitz* gering ist. Der Freiverkehr in Frankfurt unterteilt sich in das Nachwuchssegment → *Scale* und das → *Quotation Board.*

Option

Geltend zu machendes Recht, ein bestimmtes, vertragsmäßig vereinbartes Angebot (innerhalb einer bestimmten Frist) anzunehmen oder abzulehnen. Ebenso ist eine Option ein → *Kontrakt*, der dem Käufer das Recht und dem Verkäufer (Stillhalter) die Verpflichtung gibt, bis zum Verfallsdatum zum → *Basispreis* den → *Basiswert* zu kaufen oder zu verkaufen. (Vgl. → *Optionsgeschäft*)

Optionsanleihe

Optionsanleihen sind → *Anleihen*, die mit → *Optionsscheinen* ausgestattet sind. Diese berechtigen zum Kauf einer in den Optionsbedingungen festgelegten Anzahl von → *Aktien* in einem bestimmten Zeitraum zu einem festen → *Optionspreis*. Im Unterschied zur → *Wandelanleihe* können Anleihe und Optionsrecht getrennt gehandelt und das Optionsrecht getrennt ausgeübt werden. Die Optionsanleihe bleibt daher als Anleihe auch dann bestehen, wenn das Optionsrecht ausgeübt wird.

Optionsgeschäft

Das Optionsgeschäft ist der Erwerb oder die Veräußerung einer → *Option*. Für dieses Recht hat der Käufer bei Abschluss des Optionsgeschäfts den → *Optionspreis* (→ *Prämie*) zu zahlen. Gehandelt werden Kauf- (→ *Call*) und Verkaufsoptionen (→ *Put*), die jeweils ge- und verkauft (geschrieben) werden können. Während → *Kaufoptionen* das Recht, nicht jedoch die Pflicht gewähren, ein bestimmtes Wertpapier innerhalb eines bestimmten Zeitraums zu einem festgelegten Preis (dem Basispreis) zu kaufen, verbriefen Verkaufsoptionen das Recht, aber nicht die Pflicht, ein bestimmtes Wertpapier innerhalb einer definierten Zeitspanne zu einem festgelegten Preis zu verkaufen. Mit Calls spekuliert ein Anleger mit geringem → *Kapitaleinsatz* auf steigende → *Kurse*, mit Puts auf fallende Kurse.

Optionspreis

→ *Prämie*, die der Käufer eines Optionsrechts bezahlen muss und der Verkäufer dieses Rechts aufgrund seiner Leistung erhält. Diese Leistung besteht darin, auf Verlangen des Käufers bis zum Verfallstermin jederzeit den zugrunde liegenden Bezugswert zum vereinbarten Preis zu liefern oder abzunehmen. Der Optionspreis wird durch Angebot und Nachfrage auf dem → *Markt* bestimmt und orientiert sich am theoretischen Optionspreis eines mathematischen → *Optionspreismodells*.

Optionspreismodell

Mathematisches Modell zur Berechnung des fairen Preises einer → *Option*. Kann rückwirkend auch zur Berechnung der → *Impliziten Volatilität* genutzt werden. Das bekannteste Bewertungsmodell ist das → *Black-Scholes-Modell*.

Optionsschein

Handelsinstrument, auch → *Warrant* genannt. Optionsscheine wurden ursprünglich zusammen mit einer → *Optionsanleihe* (Anleihe cum) herausgegeben, wobei die Anleihe aber auch ohne Optionsschein (Anleihe ex) sowie der Optionsschein für sich genommen an der → *Börse* gehandelt werden konnte. Je nach Ausstattung berechtigen solche Optionsscheine innerhalb einer bestimmten Zeitspanne zum Bezug von → *Aktien*, → *Devisen*, Edelmetallen o. ä. in einem bestimmten → *Bezugsverhältnis* zu einem bestimmten, vorher festgelegten Preis. Wegen der Einräumung dieses Sonderrechts ist es dem Schuldner der Anleihe möglich, eine geringere als die am → *Kapitalmarkt* übliche Verzinsung anzubieten. Interessant ist die Spekulation mit solchen Optionsscheinen für den Anleger deshalb, weil sich die Kursentwicklung des dem Optionsrecht zugrundeliegenden → *Basiswerts*, etwa einer Aktie, im Allgemeinen überproportional auf die Kursentwicklung des OS auswirkt.

Statt etwa eine Aktie zum → *Kurs* von 100 Euro direkt zu kaufen, kauft er über den Optionsschein das Recht, diese Aktie etwa zum Bezugspreis von 90 Euro während der Laufzeit des Scheins beziehen zu können. Da die Aktie aber 10 Euro teurer ist, müsste der Preis für den Erwerb des Optionsscheins mindestens 10 Euro betragen (innerer Wert); i. d. R. liegt er aber je nach Laufzeit des Ausübungsrechts weit darüber, also etwa bei 30 Euro. Der Direktkauf der Aktie wäre somit 20 Euro billiger. In diesem Fall bezahlte er also ein → *Aufgeld* von 20 Prozent. Steigt aber der Kurs der Aktie um 50 Euro auf 150 Euro, dürfte der Preis des Optionsscheins auf mindestens 60 Euro steigen, weil dieser die über den Optionsschein beziehbare Aktie für 90 Euro erhält und diese im gleichen Zuge zum aktuellen Kurs von 150 Euro wieder veräußert werden kann. Während mithin die Aktie einen Kursanstieg von 50 Prozent verzeichnete, hätte sich der Kurs des Optionsscheins mindestens verdoppelt. Dies ist die sogenannte Hebelwirkung von Optionsscheinen, die bei der Spekulation mit diesen zu überproportionalen → *Gewinnen*, aber auch überproportionalen Verlusten führen kann.

Gängige Berechnungsformeln:

- → *Hebel* aktuell/→ *Leverage* = Aktienkurs: (Bezugsverhältnis x Optionsscheinkurs)

- Aufgeld/→ *Prämie* = (Optionsscheinkurs: Währung x Bezugsverhältnis – Bezugspreis - Aktienkurs): Aktienkurs x 100
- innerer Wert = Aktienkurs – Bezugspreis

Optionsscheine weisen oft geringe Börsenumsätze und heftige Kurssprünge auf. Deshalb sollten Börsenaufträge für Optionsscheine unbedingt immer limitiert abgegeben werden. (Vgl. → *Limit*)

Order

Auftrag an einer → *Börse* zum Kauf oder Verkauf von → *Wertpapieren*. Eine Order wird von Privatkunden stets über ein Geldinstitut abgegeben, die diese an die Handelsplattform (Börse) weiterleitet.

OTC

Siehe → *over-the-counter-market*

Outperformer

Vermögenswerte, die in einem bestimmten Betrachtungszeitraum eine bessere Wertentwicklung (Performance) aufweisen als eine als Vergleichsmaßstab herangezogene Größe, bezeichnet man als Outperformer. Die Vergleichsgrößen können Indizes sein, aber auch eine Gruppe vergleichbarer anderer Vermögenswerte.

over-the-counter-market

Außerbörslicher Handel von→ *Aktien* oder → *Anleihen*. Der Handel findet außerhalb der Verantwortung einer → *Börse* statt, unterliegt aber den geltenden gesetzlichen Bestimmungen für den Wertpapierhandel. Im Optionshandel: over-the-counter-→ *Optionen* zeichnen sich durch individuelle Laufzeit, fehlende Börsennotierung, wenig Transparenz und eine geringe Zugangsmöglichkeit für den privaten Investor aus.

Paket

Jede größere (nicht genau umrissene) Menge von → *Aktien* eines bestimmten Unternehmens im Besitz einer einzelnen Person oder eines anderen Unternehmens. Der geschlossene Verkauf eines Paketes wird Pakethandel genannt.

Pari-Kurs

→ *Kurs*, der genau mit dem → *Nennwert* eines → *Wertpapiers* übereinstimmt. Eine → *Anleihe*, die zu pari herausgegeben wird, wird zu einem Kurs von 100 Prozent ausgegeben. Ist der Nennwert 1.000 Euro, so kostet sie auch 1.000 Euro. Wird sie unter pari ausgegeben, wie dies bei → *Neuemissionen* häufig der Fall ist, kostet eine Anleihe im Wert von 1.000 Euro bei einem Kurs von 98,7 Prozent 987 Euro.

Parkett

Traditionelle Bezeichnung für den Ort, an dem der Börsenhandel stattfindet und den nur zugelassene Börsenbesucher (Makler, Händler usw.) betreten dürfen. Gelegentliche private Besucher dagegen können die Börsensitzung von der sogenannten Galerie aus verfolgen. Im Zeitalter der Computerbörsen ist mit dem Parketthandel das Geschäft gemeint, das in der → *Börse* von Händler zu Händler abgewickelt wird. Durch den Computerhandel ist der Parketthandel vielerorts allerdings bedeutungslos geworden.

Passiva

Die Passivseite der → *Bilanz* eines Unternehmens listet dessen Kapital auf. Dort werden das in den Betrieb geflossene

→ *Geld* und seine Quellen sichtbar gemacht. Es wird offengelegt, mit welchen Mitteln die Werte auf der Aktivseite finanziert wurden. Die Passivseite ist ein Gegenausdruck der Aktivseite, die die Vermögenswerte auflistet. Die Passivseite ist in Eigenkapital und → *Fremdkapital* untergliedert und listet insbesondere für das Fremdkapital auf, für welchen Zeitraum es zur Verfügung steht.

Payment-for-order-flows (PFOF)

Rückvergütungen von Wertpapierhändlern an → *Broker* für die Weiterleitung von Aufträgen. Vor allem in den USA und Deutschland werden PFOF von → *Neobrokern* genutzt, um Wertpapierorders günstiger anbieten zu können. Nach aktuellem Stand sollen PFOF ab dem Jahr 2026 EU-weit verboten werden, weil die Mehrheit der Kommission einen Interessenkonflikt sieht, der dazu führen könne, dass Anleger nicht den besten Preis erhalten. Ob die von den Wertpapierhändlern gestellten Kurse tatsächlich schlechter oder günstiger sind als Börsenkurse, ist unklar.

Penny stocks

Amerikanische Bezeichnung für i. d. R. hochspekulative → *Aktien* mit einem → *Kurs* von weniger als einem Dollar.

Pensionsrückstellungen

Pensionsrückstellungen werden für Aufwendungen gebildet, die sich ergeben, wenn Mitarbeiter aus dem Betrieb ausscheiden. Da Zeitpunkt und Umfang dieser Aufwendungen lange Zeit vor deren Fälligkeit bekannt sind, werden zur Begleichung dieser Zahlungen rechtzeitig Rückstellungen gebildet. Wenn die Forderung fällig wird, wird die Rückstellung aufgelöst und die Forderung beglichen. Rückstellungen sind als Verbindlichkeiten im Unterschied zu Rücklagen → *Fremdkapital.*

Pensions-Sondervermögen

Auch Altersvorsorge- → *Sondervermögen* genannt. Bezeichnung für standardisierte Altersvorsorgeprodukte aus der Zeit vor Riester- und Rürup-Rente. Seit Inkrafttreten des Kapitalanlagegesetzbuches (→ *KAGB*) im Jahr 2013 dürfen Altersvorsorge-Sondervermögen nicht mehr aufgelegt werden.

Performance

Die Performance ist die Wertentwicklung eines Investments oder eines Portfolios. Meist wird zum Vergleich eine sogenannte → *Benchmark* als Referenz herangezogen, um die Performance im Vergleich zum Gesamtmarkt oder einer Branche darzustellen. Bei → *Investmentfonds* wird die prozentuale Veränderung des Werts der Anteile innerhalb eines bestimmten Zeitraums unter Berücksichtigung der Ausschüttung und ggf. eines Steuerguthabens gemessen. Die Entwicklungen des Werts verschiedener → *Fonds* und damit die Leistung des Fondsmanagements lassen sich nur miteinander vergleichen, wenn Fonds mit in etwa gleichen Anlageobjekten und unter vergleichbarer Anlagestrategie betrachtet werden. Allgemein gebräuchlich ist die Berechnungsmethode des Bundesverbandes Deutscher → *Investmentgesellschaften* (BVI). Danach ist die Wertentwicklung die Veränderung des Anteilpreises in einer Periode, wobei sämtliche → *Erträge* wieder angelegt werden. Basis der Berechnung ist der Anteilwert oder → *Rücknahmepreis*, d. h. ohne Berücksichtigung von Ausgabeaufschlägen – sonst ließen sich Fondsvarianten mit und ohne → *Agio* nicht vergleichen. Alle Kosten auf der Fondsebene sind im Anteilwert einberechnet.

Performance-Index

Kennziffer, die die Kursentwicklung eines Korbs von Vermögenswerten unter Berücksichtigung von Kapitalflüssen aus den enthaltenen Werten misst. Sie liegt immer über der eines → *Net Return Index* oder eines → *Kursindex* mit identischer Zusammensetzung. Der → *Dax* ist als einziger international relevanter Index ein Performance-Index. Dadurch ist seine Entwicklung letztlich nicht mit der anderer Indizes vergleichbar, im Gegensatz zum → *F.A.Z.-Index* und Dax-Kursindex.

Pfandbrief

Ein Pfandbrief ist die spezifisch deutsche Spielart eines → *Covered Bond*. Er ist daher eine Schuldverschreibung, die durch einen Verbindlichkeitenpool, die → *Deckungsmasse*, gedeckt wird, der aus Hypothekendarlehen oder öffentlichen Darlehen besteht. Darüber hinaus kennt das Pfandbriefgesetz Schiffs- und Flugzeughypotheken als Deckungsmasse. Die Bezeichnung des Pfandbriefs gibt die Art der Deckungsmasse wieder. Pfandbriefe dienen den → *Emittenten* zur Refinanzierung ausgereichter Kredite, die durch das entsprechende Pfandrecht besichert sind.

Sie dürfen nur von für das Pfandbriefgeschäft zugelassenen Kreditinstituten ausgegeben werden (Pfandbriefbanken). Als Jumbo-Pfandbriefe werden → *Emissionen* mit einem Volumen von mindestens 1 Milliarde Euro bezeichnet.

Pflichtblatt

Von den Zulassungsstellen der → *Börsen* benannte Zeitungen, in denen → *Emittenten* von → *Wertpapieren* alle Bekanntmachungen, zu denen sie verpflichtet sind, veröffentlichen müssen, etwa über Veröffentlichung von Wertpapierprospekten, Termine von → *Hauptversammlungen*, Veröffentlichungen von Jahresabschlüssen, Begebung von → *Bezugsrechten* u. a. m.

Pip

Pip bezeichnet die kleinste Preisstufe in einer Währung. Oft auch „Ticks" in den → *Future*-Märkten genannt. So stellt etwa beim Euro-Dollar-Wechselkurs eine Bewegung von 1,2234 auf 1,2235 Dollar einen Pip dar.

Platzierung

Verkauf von (zumeist neu herausgegebenen) → *Wertpapieren* an Investoren.

Point-&-Figure-Analyse

Instrument der technischen → *Aktienanalyse*, die sich von der herkömmlichen Analyse anhand von Balken- und Linien-→ *Charts* vor allem durch das Fehlen von Zeit- und Umsatzfaktoren, die Vernachlässigung kleinerer Kursbewegungen und die andersartige formale Darstellung unterscheidet.

Point-&-Figure-Chart

In diesem → *Chart* werden Kursbewegungen, solange sie in einer Richtung verlaufen, vertikal in ihrem gesamten Ausmaß in die Grafik eingetragen. Erfolgt eine Richtungsänderung, wird eine neue Spalte rechts von der alten begonnen und dort wiederum vertikal eingetragen. In welcher Zeit die Kursbewegung stattfindet, wird nicht berücksichtigt. Dadurch gibt der Point-&-Figure-Chart langfristigere Signale. Üblicherweise werden Aufwärtsbewegungen mit einem „X" je Einheit gekennzeichnet, während Abwärtsbewegungen mit einem „O" eingezeichnet werden. Eine entscheidende Größe beim Point-&-Figure-Chart ist das Umkehrminimum, das besagt, wann eine Richtungsänderung durch eine neue Spalte festgehalten wird. Da diese neue Spalte erst begonnen wird, wenn das Umkehrminimum überschritten wird, wird die Kursentwicklung in ihrer optischen Erscheinung geglättet wiedergegeben.

Portfolio (= Portefeuille)

Als Portfolio bezeichnet man im Allgemeinen alle Wertgegenstände, die sich in einem Besitz befinden. Das sind vorrangig → *Wertpapiere*, können aber auch Immobilien oder Grundbesitz sein. Bei → *Investmentfonds* versteht man unter Portfolio die Summe der Anlageinstrumente → *Aktien*, → *Anleihen*, → *Derivate* u. a. m.

Power-Scheine

Power-→ *Optionsscheine* sind eine exotische Optionsscheinform. Bei diesen Scheinen ist ein Schwellenwert vereinbart. Ist der → *Bezugskurs* höher als dieser Schwellenwert, so wird die positive Differenz dieser beiden Werte potenziert. So bewirkt eine Differenz etwa von 3 Cent eine Auszahlung von 9 Cent. Die maximale Höhe der Auszahlung ist begrenzt. Sollte diese Grenze bei 5 Cents liegen, so würden auch bei einer Differenz von 7 Cents nur 25 Cent ausgezahlt. I. d. R. tritt in diesem Fall eine automatische Ausübung ein, d. h. erreicht der Differenzbetrag den Wert von 5 Cent, wird der maximale Betrag von 25 Cent ausgezahlt und der Schein erlischt. Ist die Differenz jedoch negativ, verfällt der Schein am Ende der Laufzeit wertlos.

Prämie

Siehe → *Aufgeld*

Präsenzbörse

Eine Präsenzbörse bezeichnet den Börsenhandel, bei dem sich die Makler auf dem → *Parkett* treffen und durch Zuruf Käufe und Verkäufe abwickeln.

Preisindex

Von amtlichen Stellen errechnete Messzahl, die Auskunft gibt über durchschnittliche Preisveränderungen in verschiedenen Bereichen der Wirtschaft. So etwa gibt der Preisindex für die Lebenshaltung (Index der Verbraucherpreise) die Entwicklung der Preise für Güter und Leistungen des täglichen Bedarfs wieder. Errechnet wird er anhand eines Warenkorbs (der neben Waren auch Dienstleistungen und Nutzungen umfasst) für eine Gruppe von Haushalten, die nach Personenzahl und sozialer Stellung repräsentativ für die Gesamtbevölkerung sind.

Price Index

Englische Bezeichnung für → *Kursindex*

Prime Standard

Transparenzstandard im → *Regulierten Markt* der Deutschen Börse. Es handelt sich um den höchsten Standard. Unternehmen müssen einen Abschluss nach internationalen Rechnungslegungsstandards (→ *IFRS* oder → *US-GAAP*) auch in englischer Sprache vorlegen, einen Unternehmenskalender pflegen, mindestens eine Analystenkonferenz im Jahr durchführen und → *Ad-hoc-Mitteilungen* zusätzlich auch in englischer Sprache veröffentlichen. Eine Einbeziehung in den Prime Standard ist Voraussetzung für die Aufnahme in einen der Auswahlindizes der Deutschen Börse.

Programmhandel

Siehe → *Algo-Trading*

Program-Trading

Siehe → *Algo-Trading*

Prospekt

Siehe → *Verkaufsprospekt*

Prospekthaftung

Haftung des → *Emittenten* und/oder des → *Konsortiums* eines → *Wertpapiers* für unwahre oder irreführende Angaben zum Nachteil von Käufern im Prospekt einer → *Neuemission*.

Protektionismus

Schutzmaßnahmen eines Staates für die eigene Wirtschaft vor ausländischer Konkurrenz etwa durch Zölle auf oder Importbeschränkungen für bestimmte Güter.

Provision

Die Provision ist die Entlohnung eines Maklers, einer Bank oder → *Brokers* für die Abwicklung von Wertpapierkäufen, meist in Prozent des Werts einer → *Order*. Auch Courtage genannt.

Provisionsüberschuss (Bilanz)

Der Provisionsüberschuss ist Teil der → *Gewinn-* und Verlustrechnung einer Bank. Er entsteht aus Einnahmen aus Wertpapiergeschäften, der Vermögensverwaltung, dem Zahlungsverkehr, dem Auslandsgeschäft, Bürgschaften und übrigen Bereichen, saldiert mit den dafür anfallenden Aufwendungen.

Publikumsfonds

Publikumsfonds sind Investmentfonds, die grundsätzlich von jedermann erworben werden dürfen. Im Gegensatz dazu dürfen → *Spezialfonds* nur von institutionellen Anlegern erworben werden.

Publizitätspflicht

→ *Aktiengesellschaften*, die an einer → *Börse* zum Handel zugelassen werden wollen, unterliegen einer Publizitätspflicht. Sie verpflichtet zur Veröffentlichung regelmäßiger und detaillierter Angaben zur Geschäftsentwicklung und soll einen einheitlichen Mindestinformationsgrad der → *Aktionäre* ermöglichen. Kommt eine AG ihrer Publizitätspflicht nicht nach, können die Anteile vom Handel ausgesetzt werden.

Put

Verkaufsoption: Siehe → *Optionsschein*

Put-Option

Verkaufsoption bzw. der zugrunde liegende Vertrag, durch den der Käufer der → *Option* das Recht erwirbt, einen bestimmten Bezugswert innerhalb eines festgelegten Zeitraums zum vereinbarten Preis (→ *Basispreis*) zu verkaufen. Der Kontrahent dieses Vertrags wird → *Stillhalter* (in Geld) genannt, weil er bis zum Ablauf des Zeitraums für die Ausübung der Option (Verfallstermin) die vereinbarte Kaufsumme jederzeit zur Verfügung haben muss. Dafür erhält er vom Erwerber des Put eine → *Prämie*, die zumeist über dem Ertrag vergleichbarer Anlagen am → *Kapitalmarkt* liegt. Der Käufer eines Put rechnet mit fallenden → *Kursen* und profitiert durch die Option überproportional. Ist er schon im Besitz des Bezugswerts, kann er sich auf diese Weise gegen Verluste absichern. Bei tatsächlich gefallenen Kursen hat er dann im Wesentlichen zwei Möglichkeiten: Er kann die Option mit → *Gewinn* verkaufen und damit den eingetretenen Kursverlust auf den Bezugswert wahrscheinlich ungefähr ausgleichen; er kann aber auch den Bezugswert verkaufen und mit dem Put auf einen weiteren Kursverfall spekulieren. Der Verkäufer eines Put erwartet dagegen steigende oder zumindest stagnierende Kurse; in diesem Fall wird sein Kontrahent die Option kaum ausüben, sodass er die vereinnahmte Optionsprämie als Gewinn verbuchen kann. Da dieser Stillhalter (in Geld) aber die Papiere auch abnehmen muss, wenn sie wider Erwarten massive Kursverluste verzeichnen, ist sein Risiko erheblich. Gegensatz: → *Call*-Option

Quellensteuer

Die Quellensteuer wird auf Kapitaleinkünfte direkt an der „Quelle" erhoben. In Deutschland dient seit dem 1. Januar 2009 die → *Abgeltungsteuer* als Quellensteuer auf Kapitalerträge und Veräußerungsgewinne. Ihr Satz beträgt pauschal 25 Prozent zzgl. Solidaritätszuschlag.

Quotation Board

Teilbereich des → *Open Markets* der Deutschen → *Börse*. Es handelt sich um das Marktsegment mit dem geringsten Transparenzstandard. Gehandelt werden neben → *Anleihen* und Fondsanteilen vor allem → *Aktien*, die schon an einem anderen Handelsplatz einbezogen wurden.

Random-Walk-Hypothese

Anlagetheorie, die davon ausgeht, dass Aktienkurse nicht vorhersehbar sind. Sie steht im Gegensatz zum Ansatz der Charttechnik, da nach der Random-Walk-Hypothese vergangene → *Kurse* keine Relevanz für die zukünftige Entwicklung haben.

Range-Warrant

Hochspekulativer Bandbreiten-→ *Optionsschein* (auch Korridor- oder Inline-Optionsschein genannt), der seinem Besitzer einen Ertrag bringt, wenn sich der → *Kurs* des entsprechenden Basisobjekts innerhalb einer vorgegebenen Kursspanne bewegt. Eine genaue Beachtung der Konditionen ist für die Titelauswahl unbedingt notwendig, zumal bei der Auflegung von Range-→ *Warrants* eine Normierung keineswegs üblich ist. Der besondere Reiz an diesen Warrants besteht darin, dass auch in Seitwärtsbewegungen der → *Börse* verdient werden kann, in der herkömmliche Optionsscheine ihre Laufzeitprämie reduzieren und Verluste aufweisen.

Rating

Mit dem Ausdruck Rating wird eine Vielzahl von Beurteilungsverfahren zur Beurteilung der Qualität von → *Investmentfonds*, der → *Bonität* von Anleiheschuldnern oder der → *Nachhaltigkeit* von Unternehmen bezeichnet, die am Ende eine Bewertung in Form einer Note erlauben, die ebenfalls als Rating bezeichnet wird.

rationiert

Kurszusatz (Abkürzung rat). Besagt, dass die vorgelegten Aufträge nur in beschränktem Umfang ausgeführt werden konnten, meist als ratB (rationiert Brief, Verkaufsaufträge konnten nur beschränkt ausgeführt werden) oder als ratG (rationiert Geld, Kaufaufträge konnten nur beschränkt ausgeführt werden). (Vgl. → *Kurszusätze*)

Realignment

Die Anpassung von Wechselkursen an veränderte Verhältnisse.

Realtime-Kurs

→ *Kurs*, der in dem Augenblick übermittelt wird, in dem er tatsächlich entsteht.

Realzins

Zinsertrag, der sich unter Berücksichtigung der → *Inflation* ergibt. Zu seiner Ermittlung muss man einerseits das investierte Kapital mit dem → *Nominalzins* (i) auf- und andererseits mit der Inflationsrate (p) abzinsen, um den Realzins (r) zu erhalten.

Formel: $(1+r) = (1+i) / (1+p)$

Beispiel: Nominalzins = 5 Prozent, Inflationsrate = 3 Prozent; Laufzeit 1 Jahr

$(1 + 5/100) / (1 + 3/100) = 1{,}01942$

Der Realzins beträgt im Beispiel also (gerundet) 1,94 Prozent, d. h. die nach einem Jahr ausbezahlten 1.050 Euro sind in der Kaufkraft zu Beginn der Anlage unter Berücksichtigung der Inflationsrate 1.019,42 Euro wert. Gegensatz: → *Nominalzins* (vgl. → *Rendite*)

Rechenschaftsbericht

Eine KVG ist gesetzlich verpflichtet, über jeden ihrer → *Fonds* jährlich – spätestens drei Monate (bei luxemburgischen Fonds vier Monate) nach Abschluss des Fondsgeschäftsjahres – einen Rechenschaftsbericht zur Information der Anleger zu veröffentlichen. Der Rechenschaftsbericht enthält zum Berichtsstichtag u. a. die → *Vermögensaufstellung*, die Aufwands- und Ertragsrechnung sowie die Höhe einer evtl. Ausschüttung, ergänzt durch Informationen zur Geschäfts- und Fondsentwicklung. Insgesamt muss es Anlegern möglich sein, sich ein Urteil über die Tätigkeit und die erzielten Ergebnisse des Fonds zu bilden. Außerdem muss die KVG zusätzlich einen Halbjahresbericht erstellen.

rechnerischer Wert

Wert, den eine → *Option*, ein → *Bezugsrecht* oder ein → *Optionsschein* haben, unter Nichtberücksichtigung möglicher → *Aufgelder*, die für ein entsprechendes Recht an der → *Börse* bezahlt werden.

Rechnungsabgrenzungsposten (Bilanz)

Bilanzposition, die vom Bilanzstichtag aus gesehen in eine andere Rechnungsperiode übergreift. Es kann sich dabei etwa um eine vereinnahmte Zahlung handeln, die aber der kommenden Rechnungsperiode zuzuordnen ist, etwa im Dezember vereinnahmte Mieten für Januar.

Referenzzinssatz

Referenzzinsen sind Bezugsgrößen für Kredit- und Anleihengeschäfte, die nicht mit einem festgelegten Zinssatz ausgestattet werden wie → *Floater*. Die Verzinsung richtet sich dann nach einem Referenzzinssatz wie dem → *Euribor*, → €STR oder → *SOFR*. Darauf wird meist ein Aufschlag gezahlt, der in Hundertsteln Prozentpunkten (Basispunkten) angegeben wird. Referenzzinsen werden von neutralen Stellen ermittelt.

Regulierter Markt

Im Regulierten Markt der Deutschen → *Börse* wurden im November 2007 der → *Amtliche Handel* und der → *Geregelte Markt* zusammengeführt. Es handelt sich um einen „organisierten Markt", daher sind Zulassungsvoraussetzungen und Folgepflichten gesetzlich geregelt. Ein im Regulierten Markt notiertes Unternehmen muss seit mindestens drei Jahren bestehen; der voraussichtliche → *Kurswert* der → *Aktien* oder das Eigenkapital muss mindestens 1,25 Millionen Euro, der Streubesitzanteil mindestens 25 Prozent betragen.

REIT (Real Estate Investment Trust)

REITs waren ursprünglich in den USA börsennotierte Immobiliengesellschaften. Mit dem Gesetz über deutsche Immobilien-Aktiengesellschaften mit börsennotierten Anteilen wurden sie 2007 auch in Deutschland eingeführt. Die Gewinne von REITs werden nicht auf Gesellschaftsebene, sondern als Gewinnausschüttung bei den Anlegern besteuert. Dafür müssen REITs mindestens 90 Prozent der Erträge ausschütten, die zu mindestens 75 Prozent aus Immobilien entstehen müssen, wobei die Möglichkeit von Verkäufen begrenzt ist. Mindestens 75 Prozent des Vermögens müssen in Immobilien angelegt sein.

Relative Stärke

Die relative Stärke gibt in erster Linie Aufschluss darüber, ob sich eine → *Aktie* stärker oder weniger stark bewegt wie der Gesamtmarkt. Das Hilfsmittel hierzu ist der Relative-Stärke-Indikator (RS), der das Kursverhalten einer einzelnen Aktie im Vergleich zum Kursverhalten des Gesamtmarkts (repräsentiert durch einen → *Aktienindex*) misst. Hierzu wird für eine bestimmte Periode die prozentuale Kursveränderung der Aktie durch die des Aktienindex geteilt. Je größer der Wert des RS, desto stärker ist die Aktie im Vergleich zum Index gestiegen oder gefallen.

Eine wichtige Rolle spielt außerdem der Relative-Stärke-Indikator nach Wilder (RSI), der eine spezielle Form des → *Momentums* ist. Für jede Aktie werden Relativwerte berechnet, um damit verschiedene Aktien miteinander vergleichbar zu machen. Der Wertebereich ist grundsätzlich in einem Intervall zwischen 0 und 100 normiert. Die wichtigen Marken, die beim RSI die Signale geben, sind das Überschreiten der 70-Prozent-Linie, welches das nahe Ende eines Aufwärtstrends anzeigt sowie das Unterschreiten der 30-Prozent-Linie, welches eine Umkehr des Abwärtstrends anzeigt.

Rendite

Die Rendite bezeichnet den rechnerischen Gesamterfolg einer Kapitalanlage, gemessen als Verzinsung des eingesetzten Kapitals. Sie beruht auf laufenden Ertragseinnahmen wie → *Zinsen* und Kursveränderungen. Die Rendite einer Anleihe ist daher mit der Verzinsung nur identisch, wenn sie zum Nominalwert (ohne Gebühren) erworben wird. Liegt der Kurs unter dem → *Pari-Kurs* ist die Rendite höher als der Nominalzins. Denn der Erwerber erhält zusätzlich zu den laufenden Zinsen bei Rückzahlung den kompletten Nennwert, den er aber nicht bezahlt hat. Auch ist die tatsächliche Verzinsung der Anleihe höher: Weil der → *Zins* auf den → *Nominalwert* bezahlt wird, der Investor aber weniger bezahlt hat, erhält er rechnerisch einen höheren Zinssatz. Erwirbt er etwa eine Anleihe zu 98,7 Prozent des Nominalwerts und ist diese mit 2 Prozent nominal verzinst, beträgt die tatsächliche Verzinsung 2,026 Prozent.

Renten

Kurzbezeichnung für festverzinsliche → *Wertpapiere*. (Vgl. → *Anleihe*)

Rentenfonds

Investmentfonds, der überwiegend oder ausschließlich in → *Renten* anlegt.

Rentenmarkt

Teilbereich des → *Kapitalmarktes*, der → *Markt* für den Handel mit festverzinslichen → *Wertpapieren* (Renten).

repartiert

Vgl. → *Kurszusätze*

Research

Analyse eines → *Wertpapiers* hinsichtlich seiner Kurschancen oder eines Unternehmens hinsichtlich seiner Ertragskraft.

Restlaufzeit

Die bis zur Fälligkeit einer Forderung oder bis zum Verfall eines Rechts verbleibende Zeitspanne, etwa der Bezug von → *Aktien* über → *Optionen* und → *Optionsscheine*, aber auch die Dauer bis zur Tilgung einer → *Anleihe*.

Reverse Convertible Bond

Siehe → *Aktienanleihe*

Risikomanagement

Beim Risikomanagement wird durch den Einsatz verschiedener Instrumente versucht, die Risiken eines Investments einzugrenzen. Dazu gehört zunächst die → *Risikostreuung* über Anlagen, die eine möglichst geringe → *Korrelation* aufweisen, aber auch der Einsatz von → *Derivaten* um negative Effekte auf Anlagen auszugleichen.

Risikostreuung

Siehe → *Diversifikation*

Risikovorsorge

Die Risikovorsorge wird von einer Bank als Rücklage für das Kreditgeschäft gebildet. Sie umfasst Wertberichtigungen und Rückstellungen für jedes mögliche und erkennbare Bonitäts- und Länderrisiko. Tritt das betreffende Ereignis ein, wird die Risikovorsorge soweit nötig aufgelöst.

RSI

Siehe → *Relative Stärke*

Rücknahmepreis

Der Preis, zu dem ein Investmentanteil von der → *Investmentgesellschaft* zurückgenommen wird. Er ergibt sich aus dem → *Inventarwert* einschließlich eventueller Kassenbestände pro Anteil abzüglich Verkaufsspesen und Rücknahmekosten.

Rückstellungen (Bilanz)

Rückstellungen sind Positionen auf der Passivseite der → *Bilanz*, die für bestimmte Verpflichtungen gebildet werden, die zu einem absehbaren Zeitpunkt auszahlungswirksam werden. Sie folgen dem Prinzip der kaufmännischen Vorsicht. Das Geld gehört nicht zum Eigenkapital, weil es Dritten für bestimmte Zwecke zufließen soll. So gibt es Rückstellungen für Steuern und Pensionen. Wenn das betreffende Ereignis eintrifft, werden die fälligen Beträge aus einer Auflösung der Rückstellungen bezahlt und belasten nicht den operativen → *Gewinn* der Periode.

Sachanlagen (Bilanz)

Sachanlagen bestehen aus materiellen Vermögensgegenständen, wie

- Grundstücken und grundstücksgleichen Rechten,
- technischen Anlagen und Maschinen,
- Betriebs- und Geschäftsausstattung.

Zu aktivieren sind alle im Eigentum der Gesellschaft befindlichen Anlagegüter und Grundstücke. Dies sind die Vermögenswerte der Gesellschaft, die nötig sind, um Produktion und Betrieb aufrechtzuerhalten. Sachanlagen sind in der → *Bilanz* bei der erstmaligen Erfassung mit ihren Anschaffungs- oder Herstellungskosten zu bewerten. In der Folgebewertung sind diese Kosten über die planmäßige Nutzungsdauer abzuschreiben.

Sammelverwahrung

Aufbewahrung der → *Wertpapiere* des Kunden bei seiner depotführenden Bank. Im Gegensatz zur → *Sonderverwahrung* in einem Streifbanddepot hat der Kunde bei der Sammelverwahrung (auch Girosammelverwahrung genannt) kein Eigentumsrecht an den Papieren, die er eingeliefert hat, sondern ein Miteigentumsrecht am gesamten Sammelbestand der Stücke gleicher Gattung. Wegen des geringeren Verwaltungsaufwands ist die Sammelverwahrung preisgünstiger als die Sonderverwahrung. Sammeldepotfähig sind nur Papiere, die sich für den stückelosen → *Effektengiroverkehr* eignen, etwa Inhaberaktien oder festverzinsliche Werte ohne Einzelauslosungsrecht.

SARON

Der SARON (Swiss Average Rate Overnight) ersetzte nach dem Skandal um den → *LIBOR* im Jahr 2009 den Franken-LIBOR. Er ist ein Durchschnittszinssatz, der auf abgeschlossenen Transaktionen und verbindlichen Preisstellungen auf der Handelsplattform der SIX Repo AG basiert, das heißt auf tatsächlichen Übernacht-Ausleihungen Schweizer Finanzinstitute im Repo-Markt.

Scale

Das Börsensegment Scale ist Teil des → *Open Market* der Deutschen Börse. Es richtet sich an kleinere Unternehmen, bietet ihnen erleichterte Zugangsvoraussetzungen und ist ein gesetzlich registrierter KMU-Wachstumsmarkt nach EU-Standard. Voraussetzung für die Zulassung sind ein Wertpapierprospekt, eine Unternehmenshistorie von mindestens zwei Jahren und eine voraussichtliche → *Marktkapitalisierung* von 30 Millionen Euro sowie ein → *Streubesitz* von mindestens 20 Prozent der → *Aktien* oder mindestens einer Million Stück. Zudem müssen von fünf Kriterien mindestens drei erfüllt sein: Umsatz von 10 Millionen Euro, positives → *Eigenkapital* und → *Jahresüberschuss*, mehr als 20 Mitarbeiter und eingeworbenes Eigenkapital vor Börsengang von mindestens 5 Millionen Euro. Zusätzlich muss die Aktie von mindestens einem Analysten bewertet werden. In Scale werden neben Aktien auch → *Anleihen* gehandelt.

Schachtelbeteiligung

Beteiligung einer Kapitalgesellschaft an einer anderen, die mindestens 10 Prozent des entsprechenden Gesellschaftskapitals umfasst. Kleinere Beteiligungen werden als Streubeteiligungen bezeichnet. Schachtelbeteiligungen sind steuerlich privilegiert, vor allem mit Blick auf Vermeidung einer doppelten Besteuerung der Erträge aus der Beteiligung, da beide Unternehmen weiter rechtlich selbstständig sind.

Schlusskurs

Der letzte → *Kurs* eines → *Wertpapiers*, der am Ende einer Börsensitzung ermittelt wird.

Schuldverschreibungen

Siehe → *Anleihe*

Schwarzer Freitag / Montag

Als „schwarz" bezeichnet man Tage in der Geschichte der → *Börse*, an denen es zu drastischen Kurseinbrüchen kam. Am bekanntesten ist wohl der „Schwarze Freitag" von 1929. Am 25. Oktober 1929, einem Freitag, erreichte Europa die Nachricht von – eher undramatischen – Kursverlusten der New Yorker Börse. Daraus entwickelte sich eine Panik, die am darauffolgenden Montag und Dienstag an der Wall Street zu einem schweren Kurseinbruch von insgesamt 25 Prozent führte. Diese stiegen zwar am Mittwoch wieder steil an, jedoch ging damit eine mehrjährige → *Hausse* zu Ende, die die wohl schwerste Krise der Weltwirtschaft in der Moderne nach sich zog.

Am Montag, dem 19. Oktober 1987, unterbrach ein → *Börsencrash* mit einem Kursverlust von knapp 23 Prozent im Dow Jones die bis dahin längste Hausse der Nachkriegsgeschichte. Schon ein halbes Jahr nach diesem Ereignis hatten sich viele → *Kurse* wieder erholt und den gleichen Stand erreicht, den sie vor diesem „Schwarzen Montag“ hatten. Auch der „Gründerkrach“ an der Börse Wien ereignete sich 1873 an einem Freitag, ebenso wie der Kurssturz der Berliner Börse 1927, der in Deutschland den Beginn der späteren Weltwirtschaftskrise kennzeichnet.

Shareholder Value

Aus dem (→ *Kurs*-)Wert der entsprechenden → *Aktie* multipliziert mit der Summe der gehaltenen Anteile besteht der Vermögenswert (Value), den ein Anteileigner (Shareholder) einer Aktiengesellschaft besitzt. Eine auf „Shareholder Value“ angelegte Unternehmenspolitik versucht, den → *Kurswert* der Aktien und damit den Marktwert des Unternehmens zu maximieren. Das Prinzip des „Shareholder Value“ („Wert für den Aktionär“) stammt ursprünglich aus den Vereinigten Staaten. Dort forderten zuerst institutionelle Anleger wie etwa Pensionsfonds von Unternehmen, die Aktionärsinteressen in den Mittelpunkt zu stellen. Umfassend wird darunter nicht allein eine kurzfristige Steigerung des Börsenkurses, sondern eine langfristige Optimierung der Wettbewerbsfähigkeit und Profitabilität verstanden. Davon zu unterscheiden ist der „Stakeholder Value“, der den Wert des Unternehmens im Sinne aller Beteiligten (Kunden, Lieferanten, Mitarbeiter und Gesellschaft) zu optimieren beabsichtigt.

shares

Englische Bezeichnung für → *Aktien* und Anteile, auch „stock" genannt.

Sharpe-Ratio

Die Sharpe-Ratio, auch Reward-to-Variability-Ratio genannt, misst die Überrendite eines → *Fonds* pro Risikoeinheit. Wenn ein Anleger die Wahl zwischen zwei Fonds hat, die beide in den vergangenen drei Jahren eine jährliche → *Rendite* von 15 Prozent erzielt haben, so dürfte er den Fonds bevorzugen, der diese Rendite mit der geringeren Schwankungsbreite der Wertentwicklung (→ *Volatilität*) erreicht hat. Muss der Anleger zwischen zwei Fonds wählen, von denen der eine zwar etwas ertragsschwächer, aber auch etwas weniger risikobehaftet ist, so gibt die Sharpe-Ratio die notwendige Hilfestellung. Zunächst einmal enthält sie im Zähler die sogenannte Überrendite. Darunter versteht man die über eine sichere Geldmarktanlage hinausgehende annualisierte Rendite. Wenn also der risikolose → *Geldmarkt* 3 Prozent und der ausgewählte Fonds 10 Prozent abgeworfen haben, so hat letzterer eine Überrendite von 7 Prozent. Diese wird ins Verhältnis gesetzt zum Risiko, ausgedrückt als Volatilität. Eine positive Sharpe-Ratio, also eine deutlich mehr als eins (> 1), zeigt an, dass gegenüber der risikolosen Geldmarktanlage eine Mehrrendite erwirtschaftet wurde. Zum anderen zeigt sie, in welchem Verhältnis diese Mehrrendite zum eingegangenen Risiko steht. Umgekehrt verdeutlicht eine negative Sharpe-Ratio, dass noch nicht einmal die Geldmarktverzinsung übertroffen wurde. Während bestimmter

Phasen gibt es Märkte, in denen trotz eingegangenen Risikos keine angemessene Wertentwicklung zu erzielen ist. Unterscheiden sich also zwei Fonds sowohl in der erzielten Rendite als auch in der Volatilität, sollte unter sonst gleichen Bedingungen der Fonds mit der höheren Sharpe-Ratio bevorzugt werden.

Short-Position

Verkaufsposition. Mit ihr spekuliert der Anleger, z. B. durch einen → *Leerverkauf*, auf den fallenden → *Kurs* einer → *Aktie* oder eines Derivats. Gegenteil: → *Long-Position*

SICAV

Abkürzung des französischen Begriffs société d'investissement à capital variable. Die SICAV ist eine besonders in Frankreich und in Luxemburg gebräuchliche Aktiengesellschaft, die über Gesellschaftsorgane sowie über ein Mindestkapital verfügt. Das Kapital der Gesellschaft variiert jedoch. Es entspricht jederzeit dem Wert des Nettovermögens aller Teilfonds der Gesellschaft und wird durch Anteile ohne Angabe eines → *Nominalwertes* dargestellt. Im Unterschied zu einer klassischen Aktiengesellschaft besteht der Zweck der SICAV ausschließlich darin, das Gesellschaftskapital in → *Wertpapieren* nach dem Grundsatz der Risikostreuung anzulegen.

Small-cap-Fonds

→ *Fonds*, die ihre Mittel überwiegend in kleine börsennotierte Unternehmen, sogenannte → *Nebenwerte*, investieren.

SOFR

Der SOFR (Secured Overnight Financing Rate) ersetzte nach dem Skandal um den → *LIBOR* im Jahr 2018 den Dollar-LIBOR. Der SOFR wird von der New Yorker Dependance der Notenbank Federal Reserve veröffentlicht und basiert auf Daten der Bank of New York Mellon und des Zentralverwahrers und Clearinghauses Depository Trust and Clearing Corporation (DTCC) über Transaktionen, die durch Staatsanleihen besichert sind.

Sondervermögen

Das bei der → *Investmentgesellschaft* gegen Ausgabe von Anteilscheinen eingelegte Kapital und die damit angeschafften Vermögensgegenstände bilden ein „Sondervermögen". Es ist vom → *Vermögen* der Investmentgesellschaft getrennt. Dadurch soll sichergestellt werden, dass das eingelegte Kapital der Anleger vor dem Zugriff der Investmentgesellschaft selbst und vor dem Zugriff von Gläubigern (im Insolvenzfall) geschützt ist. Investmentgesellschaften können mehrere Sondervermögen bilden.

Sonderverwahrung

Bezeichnet die gesonderte Aufbewahrung der → *Wertpapiere* eines Kunden im Streifbanddepot im Unterschied zur allgemein üblichen → *Sammelverwahrung*.

SONIA

Der SONIA (Sterling Overnight Index Average) ersetzte nach dem Skandal um den → *LIBOR* im Jahr 2018 den Pfund-LIBOR, wobei der Zinssatz schon seit 1997 berechnet wird. Er ist ein Durchschnittszinssatz, der auf abgeschlossenen Übernacht-Ausleihungen britischer Finanzinstitute basiert.

Sorten

Als Sorten wird Bargeld bezeichnet, das sich im Ausland im Umlauf befindet. Sie werden oft auch fälschlich als → *Devisen* bezeichnet.

Sparbriefe

Verzinsliche Bankeinlagen mit einer Laufzeit von i. d. R. mehr als einem Jahr.

Sparerfreibetrag

Bis 2009 steuerliche Höchstgrenze, bis zu der Kapitaleinkünfte steuerfrei vereinnahmt werden konnten. Er wurde dann mit der Werbungskostenpauschale für Kapitaleinkünfte zum → *Sparer-Pauschbetrag* zusammengefasst.

Sparer-Pauschbetrag

Seit 2009 steuerliche Höchstgrenze, bis zu der Kapitaleinkünfte steuerfrei vereinnahmt werden können. Sie liegt aktuell bei 1.000 Euro für Ledige und bei 2.000 Euro für Ehepaare.

Sparplan (Einzahlungsplan)

Ist ein Sparvertrag. Er dient der regelmäßigen Einzahlung eines bestimmten Anlagebetrags, etwa zum Kauf von → *Investmentanteilen* (Fondssparplan). Bei einem Banksparplan zahlt der Kunde regelmäßig eine bestimmte Summe auf sein Konto ein.

Spekulation

Ein in die Zukunft gerichtetes Verhalten mit dem Ziel, Preisveränderungen vorauszusehen und daraus Nutzen zu ziehen. Auf Börsentransaktionen bezogen bedeutet Spekulation den Kauf von → *Wertpapieren* mit dem Ziel, diese mit → *Gewinn* nach einem Anstieg des Preises wieder zu verkaufen. Im Deutschen sind die Ausdrücke „Spekulation" und „Spekulant" negativ konnotiert und werden mit verantwortungslosem Handeln gleichgesetzt, das allein die Gewinnmaximierung zum Ziel hat und die Schädigung Dritter zumindest in Kauf nimmt.

Spekulationsfrist

Gewinne aus dem Verkauf von → *Wertpapieren* waren bis einschließlich des Jahres 2008 nur dann einkommensteuerpflichtig, wenn diese innerhalb von zwölf Monaten nach Erwerb wieder verkauft wurden. Bis zu einer Freigrenze von 512 Euro blieben sie steuerfrei, bei Übersteigen der Freigrenze waren sie im vollen Umfang steuerpflichtig, bzw. zur Hälfte, sofern sie dem Halbeinkünfteverfahren unterlagen. Eine Spekulationsfrist gibt es weiter für den Verkauf nicht-selbstgenutzter Immobilien und beträgt in diesem Fall zehn Jahre.

Spekulationsgewinne

Gewinne aus dem Handel mit → *Wertpapieren*. Sie berechnen sich aus der Differenz von Ankaufspreis einschließlich

Kosten des Kaufs sowie Verkaufspreis abzüglich der Kosten des Verkaufs.

Spekulationssteuer

→ *Spekulationsgewinne* sind in vollem Umfang steuerpflichtig. Sie unterliegen der → *Abgeltungsteuer* von 25 Prozent, auf die noch ein Solidaritätszuschlag von 5,5 Prozent erhoben wird. Zudem wird ggf. Kirchensteuer fällig. Der Begriff Spekulationssteuer stammt noch aus der vorher geltenden Steuergesetzgebung, nach der Spekulationsgewinne dann steuerpflichtig waren, wenn zwischen Kauf und Verkauf nicht mehr als zwölf Monate (→ *Spekulationsfrist*) verstrichen waren. Für → *Wertpapiere*, die sich schon vor Einführung der Abgeltungsteuer im Besitz des Steuerpflichtigen befanden, galt die alte Regelung zunächst weiter, sodass Verkaufsgewinne steuerfrei waren. Mit Änderung der Fondsbesteuerung zu Beginn des Jahres 2018 wurde jedoch ein fiktiver, steuerfreier Verkauf eingeführt. Dies hat zur Folge, dass beim tatsächlichen Verkauf alle vor 2018 angefallenen Gewinne steuerfrei sind, ab 2018 angefallene Gewinne nur bis zu einer Höchstgrenze von 100.000 Euro.

Sperrminorität

Bezeichnet die Minderheitsbeteiligung an einem Unternehmen, durch die wichtige Unternehmensbeschlüsse wie etwa die Änderung von Satzungsbestimmungen, verhindert werden können. Bei Aktiengesellschaften liegt diese Sperrminorität bei 25 Prozent.

Spesen

Sind die im Zusammenhang mit dem Abschluss eines Bank- oder Börsengeschäfts anfallende Zahlungen wie eine Maklergebühr (→ *Courtage*) oder Bankprovision sowie ggf. weitere Entgelte eines Börsenplatzes oder Umschreibegebühren für → *Namensaktien*.

Spezialfonds

Sie sind nicht für private Anleger konzipierte Fonds, sondern für institutionelle Anleger wie Pensionskassen oder Versicherungen. Sie unterliegen wie → *Publikumsfonds* dem → *KAGB*, sind jedoch weniger stark reguliert.

Spezialitätenfonds

Unterscheiden sich von normalen Publikumsfonds durch die Ausrichtung ihrer → *Anlagepolitik* auf gewisse Länder, Industriezweige, Wirtschaftssektoren oder gewisse Wertpapiergattungen. Spezialitätenfonds setzen ein höheres Maß an Risikobereitschaft, aber auch an Kenntnis gesamtwirtschaftlicher Zusammenhänge voraus. Neben höheren Chancen entstehen durch die Beschränkung auf bestimmte Marktsegmente auch höhere Risiken.

Spin-Off

Bei einem Spin-Off gliedert ein Unternehmen einen Teil als eigenständiges Unternehmen aus. Als Ausgleich für die Abgabe dieses Teils erhalten die alten → *Aktionäre* i. d. R. → *Aktien* des neuen Unternehmens gratis oder zumindest das Recht, die neuen Aktien zu kaufen. Macht der Aktionär von diesem Recht keinen Gebrauch, kann er das Kaufrecht ebenfalls an der → *Börse* verkaufen (Bezugsrechthandel). In beiden Fällen (Ausgabe von Neu-Aktien oder Verkauf von → *Bezugsrechten*) sollten dem Alt-Aktionär keine finanziellen oder rechtlichen Nachteile entstehen. Spin-Offs bieten Unternehmen die Möglichkeit, durch Umwandlung eines Unternehmensteils in eine Beteiligung kurzfristig Kapital aufzunehmen. Spin-Offs können auch der erste Schritt zu einem kompletten Verkauf eines Unternehmensteils sein.

Split

Siehe → *Aktiensplit*

Spread

Im Börsenhandel die Differenz zwischen Geld- und Briefkurs eines Wertpapiers. Bei Anleihen wird auch der Renditeaufschlag risikoreicherer Anleihen (etwa Unternehmens- oder Hochzinsanleihen) gegenüber sicheren Staatspapieren als Spread bezeichnet. Vom Spread wird auch gesprochen beim gleichzeitigen Kauf und Verkauf von → *Kontrakten*, deren → *Kurse* miteinander in Verbindung stehen und die sich bezüglich der Fälligkeit unterscheiden. Dabei wird erwartet, dass aufgrund der Veränderung der Kursdifferenz ein Gewinn entsteht. Ein Händler, der eine Spread-Position eingeht, spekuliert auf relative Preisveränderungen zwischen verschiedenen Fälligkeiten eines Handelsgegenstandes an verschiedenen → *Börsen* (inter-market-spread) oder zwischen verschiedenen Handelsgegenständen mit identischen Fälligkeiten an einer Börse (inter-commodity-spread).

Sprinterzertifikate

Mit einem Sprinterzertifikat erwirbt ein Anleger ein derivatives Produkt auf eine → *Aktie*. In den Bedingungen sind zwei Schwellenwerte, eine bestimmte Laufzeit sowie das Verhältnis vereinbart, zu dem der Anleger an Kursgewinnen partizipiert. Liegt der → *Kurs* der bezogenen Aktie am Ende der Laufzeit unterhalb des unteren Schwellenwerts (Basispreis), erhält der Anleger eine vereinbarte Anzahl an Aktien oder einen entsprechenden Barausgleich. Liegt der Kurs der Aktie zwischen der unteren und oberen Schwelle, dem → *Cap*, erhält er die vereinbarte Menge an Aktien (oder Barausgleich) sowie eine Geldprämie in Höhe des Betrags, um den der Aktienkurs den unteren Schwellenwert überschreitet. Liegt der Kurs der Aktie über dem oberen Schwellenwert, erhält der Anleger eine Rückzahlung in Höhe des oberen Schwellenwerts plus der Differenz zwischen oberer Schwelle und unterer Schwelle multipliziert mit dem Partizipationsverhältnis. Beispiel: Das Sprinterzertifikat hat eine untere Schwelle von 60 Euro und eine obere Schwelle von 80 Euro. Partizipationsverhältnis 1:1. Fall 1: Die Aktie kostet am Ende der Laufzeit 55 Euro. => Der Anleger erhält eine Aktie. Fall 2: Die Aktie kostet am Ende der Laufzeit 70 Euro => Der Anleger erhält eine Aktie plus eine Geldzahlung von 10 Euro. Fall 3: Die Aktie kostet am Ende der Laufzeit 105 Euro => Der Anleger erhält eine Geldzahlung von 100 Euro. Die optimale Wertentwicklung erzielt der Anleger also, wenn der Kurs der Aktie am Ende der Laufzeit 79,99 Euro beträgt. Ein Engagement in Sprinterzertifikaten lohnt sich, wenn ein moderater Kursanstieg erwartet wird. Da der maximale → *Gewinn* nach oben begrenzt ist, werden diese Zertifikate oft mit einem Nachlass gegenüber dem Aktienkurs ausgestattet.

Squeeze-out

Bezeichnet ein Verfahren, das Mehrheitsaktionären erlaubt, die Aktien von Kleinaktionären zwangsweise per Barabfindung zu übernehmen und diese aus dem Unternehmen zu drängen. In Deutschland ist das ab einem Mehrheitsanteil von 95 Prozent zulässig.

Stückzins

Der seit dem vorangegangenen → *Zinstermin* bis zum Kauftag einer Anleihe aufgelaufene anteilige Zins. Diesen Betrag muss der Käufer eines festverzinslichen → *Wertpapiers* an den Verkäufer bezahlen.

Stützungskäufe

Bezeichnung für die Interventionen von Notenbanken am → *Devisenmarkt*, die das Ziel haben, den → *Kurs* einer bestimmten Währung gegen den Markttrend zu halten.

Stagnation

Beschreibt eine konjunkturelle Entwicklung, die einen Stillstand der Wirtschaft signalisiert, meistens gemessen an Veränderungen des → *Bruttoinlandsprodukts*. An der → *Börse* bezeichnet man als „Stagnation" auch eine über längere Zeit gleichbleibende Kursentwicklung (Seitwärtsbewegung).

Stammaktie

Ist die in Deutschland gebräuchlichste Form der → *Aktie*. Im Gegensatz zu → *Vorzugsaktien* besitzen Inhaber von Stammaktien ein volles → *Stimmrecht* auf der → *Hauptversammlung*.

Standard-&-Poor's-Index

Der Standard-&-Poor's-500 (S&P 500)-Index ist der umfassende Aktienindex des amerikanischen Aktienmarkts, in dem 500 Aktienwerte nach einem bestimmten, repräsentativen Querschnitt gewichtet, enthalten sind. Der S&P-500 ist nicht nur aufgrund seiner größeren Breite, sondern auch wegen seiner moderneren Berechnungsweise ein besseres Barometer als der ältere Dow Jones Industrial Index (→ *Dow-Jones-Index*).

Standardwerte

Umsatzstarke → *Aktien* großer, internationaler Unternehmen mit hohem Börsenwert, auch als → *Blue Chips* bezeichnet.

Steueroptimierende Fonds

Bei dieser Art von → *Fonds* versucht das Management, die steuerpflichtigen ordentlichen → *Erträge* möglichst gering zu halten.

Steuerpflichtiger Ertragsanteil

Der steuerpflichtige Ertragsanteil bezeichnet denjenigen Teil des gesamten Wertzuwachses, der aus → *Zinsen*, → *Dividenden* und Mieteinnahmen, also ordentlichen → *Erträgen* stammt. Bei → *Aktienfonds* ist der steuerpflichtige Ertragsanteil am geringsten und bei klassischen → *Rentenfonds* am höchsten.

Stillhalter

Als Stillhalter wird bei → *Optionsgeschäften* der Verkäufer einer → *Option* bezeichnet, weil er dem Käufer die Entscheidung über die Ausübung der Option überlässt und je nachdem Geld oder → *Wertpapiere* liefert. Dafür erhält er den → *Optionspreis*. Stillhalter in → *Call-Optionen* werden als Stillhalter in Wertpapieren bezeichnet, Stillhalter in → *Put-Optionen* als Stillhalter in Geld.

Stillhaltergeschäft

Verkauf von → *Kaufoptionen* auf bestehende Aktienpositionen oder von Verkaufsoptionen unter Sperrung des zum Kauf der → *Aktien* notwendigen Geldbetrags. Das Risiko eines Stillhaltergeschäfts ist grundsätzlich sehr hoch. (Vgl. → *Call-Option*, → *Put-Option*, → *Optionsgeschäft*)

Stimmrecht

Das dem Inhaber von → *Stammaktien* zustehende Recht zur Stimmabgabe auf der → *Hauptversammlung* der Aktiengesellschaft.

Stochastik

Stochastik ist ein Sammelbegriff für Wahrscheinlichkeitstheorie und Statistik. Sie untersucht die mathematische Modellierung zufälliger Ereignisse und findet daher auch in zahlreichen finanzmathematischen Modellen Anwendung. Mit Bezug auf die → *Technische Aktienanalyse* spricht man von Stochastik, genauer vom Stochastik-Indikator oder -Oszillator, der das Verhältnis zwischen einem → *Schlusskurs* und der Spanne der täglichen Schwankung berechnet. Die tägliche Spanne zwischen Höchst- und Tiefstkurs spiegelt die maximalen Werte wider, die Käufer zu zahlen bereit waren oder Verkäufer mindestens verlangten. In welchem Verhältnis der Schlusskurs zu diesen Extremwerten steht, kann Aufschluss darüber gewähren, wer am Ende des Tages die Überhand gewann und wie die Entwicklung weitergeht. Schließt eine → *Aktie* nahe ihrem Tageshoch, geht man davon aus, dass die Kraft der Käufer ungebrochen ist und sich die positive Entwicklung fortsetzt. Umgekehrt gilt dies für die Verkäufer und den Tagestiefstand. Der Stochastik-Oszillator pendelt zwischen Werten von 0 bis 100, wobei die Extreme selten erreicht werden. Wichtige Punkte sind die 20er- und die 80er-Linie. Durchbricht der Graph die 80er-Linie nach oben, spricht man von einer „überkauften" Marktsituation; durchbricht der Graph die 20er-Linie nach unten, von einer „überverkauften" Situation. Erstere deutet auf eine baldige Abwärtskorrektur hin, letztere auf steigende → *Kurse*. Die Aussagen der Stochastik sind in erster Linie auf Aktien im Seitwärtstrend anwendbar. Aktien, die sich in stetigen Auf- oder Abwärtstrends befinden, liefern innerhalb ihres → *Trends* häufig verfrühte, falsche Kauf- und Verkaufssignale. Deshalb sollte eine Stochastik immer zusammen mit einem längerfristigen, trendfolgenden Indikator verwendet werden.

Stock-Picking

Anlagestrategie, die darauf basiert, → *Aktien* zu erwerben, von denen eine überdurchschnittlich positive Kursentwicklung erwartet wird. Sie beruht i. d. R. auf einer detaillierten Analyse der Unternehmen und ihrer Gewinnentwicklung. Damit steht Stock-Picking im Gegensatz zu einer länder- oder branchenorientierten Strategie.

Stop-Loss-Order

Verkaufsauftrag, der nur dann ausgeführt wird, wenn der Kurs eines Wertpapiers auf oder unter einen vorher festgelegten Kurs (→ *Limit*) fällt. Wird das Limit mit steigender Kursentwicklung automatisch angepasst, spricht man von einer Trailing-Stop-Loss-Order.

Streubesitz

Die Menge an → *Aktien* eines Unternehmens, die nicht in festen Händen sind, sondern am → *Markt* gehandelt werden. Je geringer der Streubesitz einer Aktiengesellschaft ist, desto enger ist der Markt für die Papiere. (Vgl. → *Marktenge*)

Summe Erträge (Bilanz)

Dieser Posten fasst alle → *Erträge* zusammen, die nach der Position „Nettobeiträge" in der → *Gewinn-* und Verlustrechnung eines Versicherungsunternehmens auftauchen. In den meisten Fällen sind das die Erträge aus Kapitalanlagen und die sonstigen Erträge.

Swap

Ein Swap ist ein Tauschgeschäft, bei dem Erlösströme getauscht werden. Es handelt sich um standardisierte → *Kontrakte*. Ziel ist es, Risiken aus einem Erlösstrom zu verringern. Benutzt werden diese auch bei der Konstruktion von → *ETF*. Hier werden die → *Erträge* eines → *Portfolios* gegen die Erträge des Index getauscht, sodass der ETF nicht in den Index investiert, sondern in einen Korb anderer → *Wertpapiere*.

Tafelgeschäft

Wertpapiergeschäfte, bei denen Kunden → *Effektive Stücke*, also physische Wertpapiere, ausgehändigt werden. In diesem Fall übernimmt der Anleger selbst die Verwahrung und Verwaltung der Wertpapiere, sorgt also auch für die Einlösung der mitgegebenen → *Zins*- oder Dividendenscheine o. ä. Tafelgeschäfte sind heute eher selten.

Tagesgeld

Einlagen bei einer Geschäftsbank mit täglicher Kündbarkeit. Der Zinssatz kann ohne zusätzliche Garantie laufend geändert werden.

Taxkurs

Kurszusatz (T), der besagt, dass es sich um einen Schätzkurs handelt, da es in dem betreffenden → *Wertpapier* keinen → *Umsatz* gab, weil keine Aufträge vorlagen oder die vorliegenden Aufträge aufgrund der Marktlage nicht ausgeführt wurden.

Tec-Dax

→ *Index* der 30 größten Technologiewerte an der Deutschen → *Börse* in Bezug auf die → *Marktkapitalisierung* des → *Streubesitzes* und den Börsenumsatz. Er ersetzte im Jahr 2004 den Index → *Nemax* 50.

Technische Aktienanalyse

→ *Aktienanalyse*, die ohne Nutzung volkswirtschaftlicher und Unternehmensdaten allein aus Kursdaten versucht, die zukünftige Entwicklung einer → *Aktie* oder eines

→ *Index* vorherzusagen. Mittels mathematisch statistischer Verfahren werden dafür bestimmte Indikatoren berechnet, denen Prognosecharakter zugesprochen wird.

Technische Indikatoren

Technische Indikatoren sind Instrumente der → *Aktienanalyse*, die eine bestimmte Entwicklung der Aktienkurse anzeigen sollen. Die technische Analyse verwendet nur Börsendaten (vor allem → *Kurse*).

Technische Reaktion

Eine innerhalb eines gleichbleibend aufwärts oder abwärts gerichteten → *Trends* stattfindende Gegenreaktion auf eine vorangegangene Kursentwicklung.

Telefonverkehr

Der zwischen Banken und Freimaklern stattfindende außerbörsliche Handel. Die Bezeichnung Telefonverkehr stammt aus der Zeit, als außerbörsliche Aufträge tatsächlich vornehmlich via Telefon abgewickelt wurden.

Tenderverfahren

Auktionsähnliches Verfahren bei der → *Emission* von → *Wertpapieren*, bei der derjenige den Zuschlag erhält, der das höchste Gebot abgegeben hat. Dabei wird kein bestimmter Ausgabekurs festgelegt, sondern den Zeichnern nur ein Mindestkurs genannt. Je nach Interesse können die Zeichner ihre Gebote zu höheren → *Kursen* abgeben. Ausgehend vom höchsten zum niedrigsten Gebot erfolgt dann die → *Zuteilung*. Das Tenderverfahren kommt vor allem bei der Emission von Staatsanleihen zum Einsatz.

Termingeld

Alle Einlagen bei Kreditinstituten mit vereinbarter fester Laufzeit oder Kündigungsfrist. Oberbegriff für → *Festgeld*, → *Tagesgeld* und → *Sparbriefe*.

Termingeschäft

Im Gegensatz zum Kassageschäft ein Geschäft, das zu feststehenden Konditionen bis zu einem bestimmten, in der Zukunft liegenden Zeitpunkt erfüllt werden soll. Beim Fixgeschäft ist diese Erfüllung für beide Seiten zwingend, beim Prämiengeschäft kann sich ein Partner gegen Zahlung einer → *Prämie* das Recht auf Rücktritt vorbehalten, beim → *Optionsgeschäft* schließlich wird einer Partei von vornherein die Möglichkeit eingeräumt, das Recht auszuüben oder es verfallen zu lassen. Der Terminhandel in → *Wertpapieren* war in Deutschland von 1931 bis 1970 verboten.

Terminhandel

Geschäfte, die nicht innerhalb von zwei Tagen nach Abschluss, sondern nach einer im Voraus vereinbarten, längeren Frist zu erfüllen sind (Gegensatz → *Kassahandel*). Käufer und Verkäufer versprechen sich durch Verschiebung der Erfüllungsfrist für sie bessere → *Kurse* zu erzielen. Ihren Ursprung nahmen sie im Handel mit landwirtschaftlichen Produkten. Produzenten wollten vermeiden, ihre

Ernte in einer möglichen Überschusssituation verkaufen zu müssen, Käufer wollten vermeiden, im Fall von Missernten zu sehr viel höheren Preisen kaufen zu müssen. Der Terminhandel wird oft für starke Preisänderungen verantwortlich gemacht. Empirisch lässt sich nicht belegen, ob → *Termingeschäfte* gegenüber einem reinen Kassamarkt nicht eher stabilisierend wirken.

Termsheet

Als Termsheet bezeichnet man die schriftliche Niederlegung aller für ein Bankgeschäft wesentlichen Bedingungen. So werden etwa die Bedingungen eines → *Optionsscheins* oder → *Zertifikats* in einem Termsheet zusammengefasst. Dieses ist auch einzig rechtlich verbindlich. Emissionsflugblätter haben keinen Anspruch auf rechtssichere Formulierungen. Entscheidend ist immer das Termsheet.

Thesaurierender Fonds

→ *Investmentfonds*, der laufende → *Erträge* aus den gehaltenen Vermögenswerten in dieselben reinvestiert. Anteilsinhaber erhalten daher keine → *Ausschüttung*. Erträge schlagen sich vielmehr in einem höheren Anteilspreis nieder.

Thesaurierung

Die → *Wiederanlage* von → *Zinsen* oder anderen → *Erträgen* aus → *Wertpapieren* in neuen Wertpapieren ohne Ausschüttung. Die Formulierung findet vor allem bei → *Investmentfonds* und der Unterscheidung zu → *Tranchen* des gleichen Fonds Anwendung, bei der die Erträge an die Anteilseigner ausgeschüttet werden.

Theta

Der Wert eines → *Optionsscheins* hängt in erheblichem Maße von seiner verbleibenden Laufzeit ab. Hier spricht man vom → *Zeitwert* eines Optionsscheins. Das Theta ist die Größe, die die Entwicklung des Zeitwerts angibt. Ein Theta von -0,03 etwa bedeutet, dass der Zeitwert des Optionsscheins an jedem Tag der → *Restlaufzeit* um 0,03 Euro sinkt.

TIBOR

Referenzzinssatz der Japanese Bankers Association (JBA), der auf den Zinsangaben von fünf Referenzbanken beruht. Neben dem Japanese Yen TIBOR gibt es bislang noch den Euroyen TIBOR, der auf Zinsen im Offshore-Markt beruht. Über dessen Einstellung und Ersatz durch den Zinssatz → *TONA* ab 2024 ist noch nicht entschieden. Der TIBOR wird von der Bankenwelt als Ersatz für den → *LIBOR* bevorzugt, weil er schon gebräuchlich ist. Allerdings gab es um diesen im Jahr 2011 gleichfalls einen Manipulationsskandal, weswegen er 2017 reformiert und u. a. auf tatsächliche Transaktionen umgestellt wurde.

Tick

Kleinstmögliche Einheit, um die sich der → *Kurs* verändern kann.

Tilgung

Rückzahlung aufgenommenen Fremdkapitals wie Kredite oder → *Anleihen*. Die Tilgung kann auf unterschiedliche Weise erfolgen: In gleichbleibenden oder unterschiedlich hohen Raten oder durch Gesamttilgung zum Ende der Laufzeit. Für den Wert von Anleihen ist die Tilgungsfähigkeit des → *Emittenten* ausschlaggebend. Mit einer unterschiedlichen Höhe des vereinbarten Zinses soll nur das unterschiedlich hohe Risiko eines Ausfalls der Tilgung vergütet werden. Nur wenn Fremdkapital auch getilgt wird, kann der Kapitalgeber damit einen Gewinn erzielen.

Time in the market

Handelsstrategie, die darauf setzt, durch kontinuierliches Investieren und dauerndes Investiertsein Preisschwankungen langfristig zu glätten und dem Problem aus dem Weg zu gehen, optimale Ein- oder Ausstiegskurse zu finden. Gegensatz → *Market-Timing*

Timing

Siehe → *Market-Timing*

TONA, TONAR

Die Tokyo Overnight Average Rate ist ein Durchschnittszinssatz, der auf abgeschlossenen Transaktionen im unbesicherten japanischen Interbanken-Tagesgeldmarkt basiert. Seit dem Jahr 2016 wird er im Gefolge des Skandals um den → *LIBOR* von der Bank of Japan als Ersatz für den Yen-LIBOR empfohlen, der seit 2021 nicht mehr berechnet wird. Indes ist der Ersatz umstritten, weil der → *TIBOR* gebräuchlicher ist.

Top-Down-Ansatz

Ausgehend von der Gesamtentwicklung einer Volkswirtschaft sowie der jeweiligen Branche wird versucht, auf die Entwicklung eines einzelnen Unternehmens sowie dessen Aktienkurs zu schließen. Gegenteil: → *Bottom-Up-Ansatz*

Total Return Index

Siehe → *Performance-Index*

Tracking Error

Der Tracking Error gibt die Abweichung der Wertentwicklung eines → *Investmentfonds* oder → *Portfolios* von der Entwicklung des Vergleichsmaßstabes (→ *Benchmark*) an. Eine standardisierte, allgemein anerkannte Berechnungsweise gibt es nicht, oft wird er als Standardabweichung der Differenz der Renditen berechnet. Je geringer der Tracking Error ist, desto besser konnte die Benchmark nachgebildet werden. Tracking Error entstehen durch Kosten der Nachbildung (vor allem Gebühren), abweichenden Gewichtungen aufgrund von Bruchteilen in der Benchmark oder einer übergroßen Anzahl von Titeln u. a. m. Im Einzelfall kann der Tracking Error auch negativ werden, etwa durch Nebengeschäfte wie → *Erträge* aus Wertpapierleihen oder durch Wechselkurseinflüsse. Der Tracking Error spielt besonders bei passiven und indexnachbildenden Strategien (→ *ETF*) eine Rolle.

Trading

Kurzfristiger Kauf und Verkauf von → *Wertpapieren* mit dem Ziel, kurzfristige Kursschwankungen auszunutzen.

Trading-Fonds

Siehe → *No-Load-Fonds*

Tranche

Teil eines in sich zusammengehörigen Finanzprodukts, das in mehreren Teilen, zu unterschiedlichen Terminen, unterschiedlichen Bedingungen oder mit unterschiedlichen Partnern erfolgt. Anwendung findet diese bei → *Investmentfonds*, deren Tranchen unterschiedliche Mindestanlagen oder unterschiedliche Kosten aufweisen oder in unterschiedlichen Währungen denominiert sind. Bei Anleiheemissionen spricht man von Tranchen, wenn ein Emittent mehrere Emissionen mit unterschiedlichen Konditionen begibt, die in sich zusammengehören, etwa durch einen gemeinsamen Verwendungszweck. Im Falle von Krediten können damit die Beiträge unterschiedlicher Kreditgeber zu einem Kredit an einen einzigen Kreditnehmer gemeint sein oder aber auch Teilbeträge des Kredites zu unterschiedlichen Konditionen und Zeitpunkten.

Transaktionskosten

Kosten, die beim An- oder Verkauf von → *Wertpapieren* anfallen.

Trend

Grundrichtung eines Aktienkurses. Analysten versuchen, aus der Kursentwicklung der Vergangenheit oder der voraussichtlichen Entwicklung des → *Emittenten* die zukünftige Kursentwicklung zu prognostizieren.

Trend-Bestätigungs-Indikator

Der Trend-Bestätigungs-Indikator (TBI) ist in der → *Technischen Aktienanalyse* eine Verhältniszahl zweier gleitender Durchschnitte (GD). Dabei wird der Wert des kürzeren oder allgemein reagibleren GD durch den Wert des zweiten, längeren bzw. trägeren GD geteilt. Das Ergebnis wird mit 100 multipliziert, um keine Zahlen zu erhalten, die kleiner als eins sind. TBI-Werte von weniger als 100 bedeuten, dass der kurzfristigere GD unter dem längerfristigen liegt, was als technische Schwäche interpretiert wird, sodass angenommen wird, dass ein Trendwechsel bevorsteht. TBI-Werte von mehr als 100 werden als technische Stärke interpretiert und eine Fortsetzung des Kurstrends angenommen.

Trendkanal

Kurszone zwischen → *Unterstützungslinie* (niedrige Kursgrenze) sowie → *Widerstandslinie* (höhere Kursgrenze).

Trendlinie

Entsteht durch das Verbinden von Tief- bzw. Hochpunkten in einem → *Chart*. Eine → *Notierung* hat einen Tiefpunkt erreicht und steigt von dort an bis zu einem Hochpunkt. Der → *Kurs* wendet und fällt bis zu einem zweiten Tiefpunkt, an dem die Abwärtsbewegung zum Stehen kommt und der Kurs wieder dreht. Liegt nun der zweite Tiefpunkt über dem ersten, so ergibt sich, wenn man diese beiden Punkte miteinander verbindet, eine aufsteigende Gerade, als Aufwärtstrend bezeichnet. Auf gleiche Weise lässt sich der Abwärtstrend ermitteln, bei dem die jeweils tiefer liegenden Hochpunkte verbunden werden. Eine Trendlinie entsteht, wenn der Kurs mindestens zweimal, besser häufiger, eine Tendenz erkennen lässt.

Trendoszillator

Der Trendoszillator ergibt sich aus dem prozentualen Abstand der → *Kurse* von einem beliebigen gleitenden Durchschnitt. Er zeigt damit die Bandbreite an, in der der Kurs bisher von seinem → *Trend* (dem eingestellten gleitenden Durchschnitt) abgewichen ist. Oft bewegt sich der Kurs lange innerhalb einer Bandbreite. Erreicht die Oszillatorkurve den unteren Bereich und dreht wieder nach oben, gilt dies als Kaufsignal, umgekehrt als Verkaufsignal. Der Trendoszillator ist dadurch gerade bei längerfristig seitwärts verlaufenden Kursentwicklungen ein gutes Instrument für → *Trading*. Manchmal wird der Trendoszillator auch als „Relative Stärke nach Levy" bezeichnet.

Treynor-Ratio

Auch Treynor-Quotient, Treynor-Maß oder Treynor-Verhältnis genannt, ist die Treynor-Ratio wie die → *Sharpe-Ratio* eine Kennzahl zur Beurteilung von → *Investmentfonds*. Sie setzt die Überschussrendite, also die Abweichung der Wertentwicklung des Fonds von der des → *Vergleichsindex*, ins Verhältnis zum sogenannten → *Beta-Faktor*, der die → *Volatilität* der Preisentwicklung des Fonds ins Verhältnis zur Volatilität des Gesamtmarkts setzt. Die Treynor-Ratio beschreibt damit, wie stark die Wertentwicklung des Fonds von der allgemeinen Marktentwicklung geprägt wird. Sie soll damit die Qualität der Eigenleistung des

Fondsmanagements messen. Je höher die Treynor-Ratio ist, desto besser schneidet der Investmentfonds ab. Allerdings fällt die Treynor-Ratio auch immer höher aus, wenn der Vergleichsindex schlecht gewählt ist.

Trust

Mit Bezug auf Unternehmen ein Zusammenschluss mehrerer Unternehmen unter Verlust der rechtlichen und wirtschaftlichen Selbstständigkeit.

Ein Trust ist aber auch eine gesonderte Vermögensverwaltung ohne eigene Rechtspersönlichkeit im angloamerikanischen Recht. Diese kennt eine Fülle von Anwendungsmöglichkeiten. Eine davon ist der Investment-Trust, der im Grunde ein → *Investmentfonds* ist.

Turnaround-Situation

Situation eines Unternehmens, die eine nachhaltige positive Veränderung mit entsprechender Auswirkung auf den Aktienkurs erwarten lässt.

Übernahmeangebot

Angebot zum Kauf eines Unternehmens oder dessen Aktien, meistens mit genaueren Angaben zu den Bedingungen.

Überzeichnung

Im Zusammenhang mit neu ausgegebenen → *Wertpapieren* wie → *Anleihen* und → *Aktien* (bei → *Kapitalerhöhungen* und Börsengängen) entstehende Situation, in der die Nachfrage das vorhandene Angebot übersteigt.

UCITS

Siehe → *OGAW*

Ultimo

Kaufmännisch der letzte Tag eines Monats.

Umbrella-Fonds

Fondskonstruktion, in der unter einem gemeinsamen Schirm Anlagemöglichkeiten in verschiedenen Einzelfonds der gleichen Investmentgruppe möglich sind. Jeder Unterfonds hat spezielle Anlageschwerpunkte. Je nach Markteinschätzung und Risikoneigung können Anleger ohne oder zu geringen Gebühren zwischen Unterfonds wechseln. Nur beim Einstieg in den Umbrella-Fonds fällt ein Ausgabeaufschlag an.

Umlaufvermögen (Bilanz)

Das Umlaufvermögen steht auf der Aktivseite der → *Bilanz* eines Unternehmens. Die Bezeichnung stellt darauf ab, dass diese Art → *Vermögen* einem Kreislauf unterworfen ist, d. h. immer wieder umgeschlagen wird. → *Anlagevermögen* hingegen verbleibt ständig im Unternehmen und wird erst ausrangiert, wenn es nutzlos geworden ist. Werte des Umlaufvermögens sind nur kurzfristig – zum oder um den Bilanzstichtag herum – im Bestand des Unternehmens.

Umsatz

Erlöse aus dem Verkauf von Waren und Leistungen eines Unternehmens. Alle Verkäufe eines Jahres bilden zusammen die Umsatzerlöse eines Geschäftsjahres. Als Umsatzerlöse zählen nur Verkäufe aus der gewöhnlichen Geschäftstätigkeit sowie aus Vermietung oder Verpachtung entsprechender Gegenstände.

Umsatz je Aktie

Verhältnis von erwirtschaftetem → *Umsatz* und gesamter → *Aktienanzahl* eines Unternehmens.

Umsatz je Mitarbeiter

Verhältnis von erwirtschaftetem → *Umsatz* und Gesamtzahl der Mitarbeiter eines Unternehmens. Diese Kennzahl dient zur Verdeutlichung der Umsatzstärke pro Mitarbeiter.

Ungeregelter Freiverkehr

Bis 1987 Handel von Wertpapieren, die keiner speziellen Regulierung unterlag. (Siehe auch → *Telefonverkehr*)

Unterbewertung

Bewertung einer → *Aktie* oder eines Gesamtmarkts, gemessen am jeweils aktuellen Kursniveau, die im Vergleich zur

Bewertung anderer Aktien oder Gesamtmärkte oder im historischen Vergleich niedriger als angemessen erscheint. Als Vergleichsmaßstäbe werden dabei die üblichen, im Rahmen der → *Aktienanalyse* untersuchten Indikatoren wie das → *Kurs*-Gewinn-Verhältnis oder der → *Cashflow* je Aktie herangezogen.

Unterstützungslinie

Ein in der charttechnischen Analyse geläufiger Begriff für ein Kursniveau eines → *Wertpapiers* oder Marktes, dessen Unterschreiten als wenig wahrscheinlich gilt. Gegensatz: → *Widerstandslinie*

US-GAAP

Um die Vergleichbarkeit von → *Geschäftsberichten* und Ertragszahlen zu gewährleisten, müssen diese bestimmten rechtlichen Standards genügen. International ist der Standard → *IFRS* ausschlaggebend. Stärker national ausgerichtete Unternehmen verwenden nationale Bilanzierungsstandards. Dies ist in Deutschland der Standard des → *HGB* (Handelsgesetzbuch), in den USA US-GAAP (United States Generally Accepted Accounting Principles). US-GAAP ähnelt in Aufbau und Struktur IFRS. Beide basieren auf dem Prinzip, Vermögensgegenstände zum Marktwert/Börsenwert zu bilanzieren. IFRS und US-GAAP nehmen eher eine Aktionärsperspektive ein, HGB eher eine (vorsichtige) Gläubigerperspektive, indem zu Anschaffungswerten bilanziert wird.

Usancen

Überkommene, aber nicht ausdrücklich festgelegte Regeln und Geschäftsgebaren.

Valoren

Hauptsächlich in der Schweiz verwendete Bezeichnung für alle Wertsachen (auch Schmuck o. ä.). Im Bankverkehr sind Valoren alle → *Wertpapiere*, Banknoten, Schecks, Münzgeld und Edelmetalle in Barren. → *Aktien*, Wertpapiere, Frachtbriefe, Hypothekenbriefe, Pfandbriefe und Sparbücher werden als Valoren erster Klasse bezeichnet, alles andere als Valoren zweiter Klasse.

Variable Notierung

Früher gebräuchliche Unterscheidung zum Kassahandel. Seinerzeit wurden nur Aufträge mit dem vorgeschriebenen Mindestvolumen von 50 Stück und dem Vielfachen davon am variablen → *Markt* abgewickelt. (Vgl. → *Kassakurs*, Einheitskurs)

V-Dax

Der V-Dax misst die → *implizite* Volatilität des → *Dax* für die kommenden 30 Tage. Der Berechnung liegen die an der Terminbörse → *Eurex* gehandelten → *Optionen* zugrunde. Ein hoher Wert indiziert einen nervösen → *Markt*, weil er eine große Schwankungsbreite impliziert.

Vega

Das Vega misst die Wirkung von Volatilitätsveränderungen auf die Optionsscheinprämie. Ändert sich die → *Volatilität* um 1 Prozent, so gibt das Vega die absolute Veränderung des Optionsscheinwerts an. Bei einem Vega von 0,35 würde sich der → *Kurs* eines → *Optionsscheins* um 0,35 Euro verändern, wenn sich die Volatilität um 1 Prozent ändert.

Verbindlichkeiten (Bilanz)

Sämtliche Verpflichtungen eines Unternehmens gegenüber Dritten.

Verbriefung

Durch Verbriefung werden Verbindlichkeiten handelbar gemacht. Eine klassische Form der Verbriefung ist der Pfandbrief, dessen → *Zins* und → *Tilgung* aus den Zins- und Tilgungszahlungen der zugrunde liegenden Hypothekenkredite oder Kredite an öffentliche Schuldner (→ *Deckungsmasse*) erfolgen. Verbrieft werden aber auch Unternehmenskredite, Kreditkartenschulden, Autokredite und anderes mehr. Zweck der Verbriefung ist die Weiterreichung gewährter Kredite an Dritte, was den Kreditgebern ermöglicht, weitere Kredite zu vergeben. Im 21. Jahrhundert wurde das Verbriefungsgeschäft sehr stark ausgeweitet, so etwa auch durch die Verbriefung von Verbriefungen. Die übermäßige und übermäßig komplexe Ausdehnung des Verbriefungsgeschäfts, vor allem im Bereich der Immobilienkredite, gilt als wesentliche Ursache der Finanzkrise der späten 2000er-Jahre.

Verfallstermin

Der Tag, an dem das Recht aus einer → *Option* oder einem → *Optionsschein* einen Vermögenswert zum → *Basispreis* zu erwerben, erlischt; Ende der Laufzeit.

Verfügbarkeit

Eine KVG verpflichtet sich dazu, börsentäglich Anteile eines → *Offenen Fonds* zurückzunehmen. Ausnahmen sind

Offene → *Immobilienfonds*, Infrastruktur-Sondervermögen und Anlagen nach dem Vermögensbildungsgesetz. Anleger sollen jederzeit in der Lage sein, ohne Einhaltung einer Kündigungsfrist über ihr → *Vermögen* verfügen zu können.

Vergleichsindex

Siehe → *Benchmark*

Verkaufsprospekt

Dieser enthält alle Angaben von wesentlicher Bedeutung, die für eine Investmentanlage wichtig sind, wie das zugrunde liegende Vertragswerk, die Beschreibung des Anlageobjekts, eine Aufstellung der Mittelherkunft und -verwendung und im Fall von geschlossenen → *Investmentfonds* eine Prognoserechnung. Für Investmentfonds gilt, dass dem Anteilserwerber dieser zusammen mit dem → *Rechenschaftsbericht* und ggf. dem Halbjahresbericht ausgehändigt werden muss. Für die sachliche Richtigkeit der Angaben trägt der Prospektherausgeber die Verantwortung. Der Prospekt muss auf Grundlage der zum Herausgabezeitpunkt maßgeblichen, rechtlichen und wirtschaftlichen Verhältnisse sowie der einschlägigen gesetzlichen Normen und Verwaltungsanweisungen erstellt werden. Vor allem die Vollständigkeit aller entscheidungsrelevanten Daten und Angaben verlangt das Gebot der Prospektwahrheit/-klarheit.

Verlustzuweisungen

Übersteigen die steuerlichen Aufwendungen eines Fonds (→ *Abschreibungen* inkl. Sonderabschreibungen, Finanzierungszinsen, Bewirtschaftungskosten, Verwaltungskosten) die steuerlichen Einnahmen (Mieterträge, Guthabenzinsen o. ä., sogenannter Werbungskostenüberschuss), entstehen Verluste, die den Fondsanlegern zugewiesen werden. Das ist typischerweise in der Anlaufphase eines → *Geschlossenen Fonds* der Fall. Die Anleger können diese Verlustzuweisungen mit anderen, positiven Einkünften verrechnen.

Vermögen

Vermögen sind alle in Geld bewerteten dauerhaften Güter und Rechte. Dazu gehören → *Wertpapiere*, Immobilien, Bargeld u. a. m., aber auch Maschinen zur Herstellung von Gütern oder zum Verkauf vorgesehene Waren.

Vermögensaufstellung

Rechenschafts-/Halbjahresbericht, aus dem die Veränderung des → *Fondsvermögens* und der Aufteilung hervorgehen. Sie wird durch die Kapitalanlage-Rechnungslegungs- und Bewertungsverordnung (KARBV) geregelt. Die Auflistung der Vermögensgegenstände muss nach Arten und Märkten gegliedert werden und die Bewertungsregeln des → *KAGB* sind anzuwenden.

Vertriebszulassung

Anteile ausländischer Fonds dürfen in Deutschland nur angeboten werden, wenn die → *Investmentgesellschaft* das Anzeigeverfahren für den öffentlichen Vertrieb bei der Bundesanstalt für Finanzdienstleistungsaufsicht (→ *BaFin*) ordnungsgemäß durchlaufen hat.

Verwaltungsvergütung

Vergütung, die die KVG für die Verwaltung eines → *Fonds* erhält. Deren Höhe ist im → *Verkaufsprospekt* geregelt und wird dem Fonds belastet.

vinkulierte Namensaktie

Besondere Form einer → *Namensaktie*, deren Eigentumsübertragung von der satzungsgemäßen Zustimmung der jeweiligen Aktiengesellschaft abhängig ist. Vinkulierte → *Namensaktien* werden häufig zu dem Zweck ausgegeben, ein Unternehmen vor dem Einfluss Dritter zu schützen.

Volatilität

Schwankungen von Kursen, Preisen oder Zinssätzen in einem bestimmten Zeitraum. Mathematisch ist sie als Standardabweichung definiert und gilt als ein Maß für das Risiko einer Kapitalanlage. Standardmäßig wird gemessen, wie weit sich die Preise im Betrachtungszeitraum vom Durchschnittswert entfernt haben. Je größer die Schwankungsbreite ist, desto volatiler und damit risikoreicher ist eine Kapitalanlage. Beim Vergleich von Fondsanlagen wird zudem auch der → *Maximale Verlust* in einem Betrachtungszeitraum herangezogen.

Vorbörse

Wertpapierhandel von Marktteilnehmern vor Börseneröffnung außerhalb der Verantwortung der → *Börse*. Die Tendenz der Vorbörse gilt als Indikator für die Eröffnung des Hauptgeschäfts. Ihre Aussagekraft in Bezug auf einzelne Wertpapiere hat indes gegenüber früheren Jahrzehnten nachgelassen.

Vorstand

Grundsätzliches, zumeist aus mehreren Personen bestehendes Organ zur Geschäftsführung und Vertretung einer Gesellschaft. Seine Mitglieder werden vom → *Aufsichtsrat* bestellt. In Aktiengesellschaften mit einem Stammkapital von mehr als 3 Millionen Euro muss der Vorstand aus mindestens zwei Personen bestehen, sofern die Satzung nichts anderes bestimmt. Besteht der Vorstand einer börsennotierten Aktiengesellschaft, die der Mitbestimmung unterliegt, aus mehr als drei Personen, muss davon mindestens eine eine Frau oder ein Mann sein. Vorstandsmitglieder von Aktiengesellschaften werden auf höchstens fünf Jahre bestellt und können nur vom Aufsichtsrat und auch nur aus einem wichtigen Grund abberufen werden.

Vorzugsaktie

Aktie, die gegenüber → *Stammaktien* mit besonderen Vorzügen, etwa hinsichtlich der → *Dividende*, versehen ist. Diesen Sonderrechten steht i. d. R. allerdings der Nachteil gegenüber, dass Inhaber dieser Papiere auf der → *Hauptversammlung* keine → *Stimmrechte* besitzen.

Vorzugsdividende

Die besondere, den Inhabern von → *Vorzugsaktien* gewährte → *Dividende*, die in einer → *Dividendengarantie*, aber auch aus einer gegenüber den → *Stammaktien* mit einem zusätzlichen Bonus versehenen Ausschüttung bestehen kann.

Währungsanleihe

Genauer als Fremdwährungsanleihe bezeichnet, handelt es sich um eine Anleihe, die in fremder Währung, etwa Dollar oder Franken, begeben wird. Anleger unterliegen damit einem → *Währungsrisiko*. Eine spezielle Form ist die Doppelwährungsanleihe, in der die Kreditaufnahme in einer anderen Währung erfolgt als Zins und Tilgung. Diese haben damit ein doppeltes Währungsrisiko.

Währungsparität

Aufgrund internationaler Vereinbarungen oder inländischer Bestimmungen in einem System fester Wechselkurse festgelegtes Verhältnis zwischen der Währung eines Landes und der eines anderen. Auch Wechselkursparität oder kurz Parität genannt, wird der Begriff auch irreführenderweise für die Situation gebraucht, wenn in einem System flexibler Wechselkurse genau eine Währungseinheit einer Währung der einer anderen entspricht.

Währungsrisiko

Die Anlage in Vermögenswerten mit → *Denominierung* in ausländischer Währung geht mit dem Risiko einher, dass sich der Wechselkurs ungünstig entwickelt. Wertet etwa der Dollar während der → *Laufzeit* einer Anleihe von 1 Dollar je Euro auf 1,1 Dollar je Euro ab, erhalten Anleger als → *Tilgung* zwar weiter in Dollar die Summe, die sie investiert haben. In Euro beträgt der Wert aber nur noch 90,9 Prozent der ursprünglich angelegten Summe. Auch der Wert von Zinszahlungen und → *Dividenden* aus → *Aktien* kann so schwanken. Aber auch Anlagen in heimischer

Währung können einem Währungsrisiko ausgesetzt sein, zum einen unmittelbar, etwa, wenn eine Aktie zwar in Euro an der heimischen → *Börse* erworben wird, dort aber aufgrund von Wechselkursänderungen trotz guter Entwicklung an der ausländischen Heimatbörse eine ungünstige Kursentwicklung nimmt. Zum anderen können Wechselkursänderungen die Erträge von Unternehmen und so deren Kursentwicklung beeinflussen oder aber auch die → *Bonität* von → *Emittenten*, vor allem aus Schwellenländern. Einige → *Investmentfonds* werden daher ganz oder teilweise über entsprechende Geschäfte (→ *Hedging*) gegen Währungsrisiken abgesichert.

Wachstumswert

→ *Aktie* eines Unternehmens, von dem für die Zukunft ein starker Anstieg von → *Umsatz* und → *Gewinn* erwartet wird.

Wall Street

Straße in New York, an der sich die bedeutendste → *Börse* der westlichen Welt, die → *New York Stock Exchange (NYSE)* befindet. Im übertragenen Sinn wird damit auch die amerikanische Finanzindustrie als Ganzes bezeichnet.

Wandelanleihe

→ *Anleihe*, bei der der Inhaber die Nominale während oder am Ende der Laufzeit zu einem vorher festgelegten Verhältnis in → *Aktien* umwandeln kann. Ob die Wandlungsmöglichkeit für den Inhaber interessant ist, hängt von der Entwicklung des Aktienkurses ab. Soweit das Wandlungsrecht nicht ausgeübt wurde, wird die Anleihe am Ende der Laufzeit zurückgezahlt (getilgt). Englische Bezeichnung convertible bond.

Warenbörse (Rohstoffbörse)

→ *Markt*, an dem Rohstoffe wie Energieträger, Metalle oder landwirtschaftliche Produkte oft als → *Termingeschäfte* gehandelt werden. Geschäfte im → *Kassahandel* zur sofortigen Erfüllung werden hier als Lokogeschäfte bezeichnet.

Warrant

Englische Bezeichnung für → *Optionsschein*

Wertpapier

Urkunde, die bestimmte Rechte verbrieft, etwa die Miteigentümerschaft an einem Unternehmen.

Wertpapierkennnummer (WKN)

Sechsstellige Zahl, die jedes → *Wertpapier* in Deutschland eindeutig identifiziert.

Widerstandslinie

Ein in der charttechnischen Analyse geläufiger Begriff für eine Kurslinie, bei der davon ausgegangen wird, dass es eher unwahrscheinlich ist, dass der Kurs eines → *Wertpapiers* oder eines Index dieses Niveau übersteigen wird. Gegensatz: → *Unterstützungslinie*

Wiederanlage

Anlage der Ausschüttungen eines Fonds durch die Fondsgesellschaft, die bei → *Thesaurierenden Fonds* üblicherweise automatisch erfolgt. Auf Basis des → *Rücknahmepreises* werden Anlegern neue Fondsanteile/Bruchteile gutgeschrieben. Die Erträge werden am Tag der Ausschüttung spesenfrei und ohne Steuerabzug reinvestiert. Die Wiederanlage bewirkt einen → *Zinseszinseffekt*, der das Gesamtresultat der Anlage positiv beeinflusst.

Xetra

Elektronisches Börsenhandelssystem der Deutschen Börse. Akronym für exchange electronic trading. Xetra löste 1997 das Vorgängersystem IBIS ab und ist der bedeutendste Handelsplatz in Deutschland.

Yankee-Bonds

→ *Anleihen*, die in den USA in Dollar von ausländischen → *Emittenten* aufgelegt werden.

YTD

Häufig benutzte englische Abkürzung für „Year to date“. Bezeichnet den Zeitraum von Jahresanfang bis zum aktuellen Zeitpunkt.

Zeichnungsprospekt

Siehe → *Verkaufsprospekt*

Zeichnungsschein

Ein Anleger erklärt seinen Beitritt zu einem → *Geschlossenen Fonds* durch seine Unterschrift auf dem Zeichnungsschein. Neben den persönlichen Daten des Anlegers auf dem Zeichnungsschein ist auch die von ihm übernommene → *Zeichnungssumme* zu dokumentieren.

Zeichnungssumme

Betrag, mit dem sich ein Anleger an einem → *Geschlossenen Fonds* beteiligt. Er repräsentiert die Höhe des übernommenen und einzuzahlenden Eigenkapitals.

Zeitwert

Aktueller Wert eines Vermögensgegenstandes. Im Fall von Optionen der Teil des Preises einer → *Option*, der von der → *Restlaufzeit* bestimmt wird. Der Zeitwert ergibt sich als Differenz zwischen tatsächlichem → *Kurs* eines → *Optionsscheins* und seinem inneren Wert. Er ist immer positiv und sinkt mit abnehmender Restlaufzeit.

Zentralbank

Auch als Notenbank bezeichnet, sind Zentralbanken die Hüterinnen der jeweiligen Währung und zuständig für die Geld-, Zins- und Währungspolitik.

zero bonds

Auch → *Nullkuponanleihen*. Die Verzinsung ergibt sich aus dem Unterschiedsbetrag zwischen Kaufkurs und → *Tilgung* zum → *Nominalwert* am Ende der Laufzeit. Laufende Zinszahlungen erfolgen nicht, der Zinskupon beträgt null.

Zertifikat

Derivatives Finanzinstrument, mit dem der Anleger auf unterschiedliche Weise an der Entwicklung eines Underlyings (→ *Basiswert*) partizipieren kann. Dabei kann es sich um ein → *Wertpapier*, einen Aktienkorb, Index oder ein anderes Finanzprodukt handeln. Zertifikate sind Inhaberschuldverschreibungen, daher kommt zum Anlagerisiko das Risiko hinzu, dass der → *Emittent* zahlungsunfähig werden kann und trotz positiver Entwicklung des Zertifikats ggf. ein Totalverlust eintreten kann. Je nach Ausgestaltung weisen Zertifikate unterschiedliche Risiken auf von sicherheitsorientierten (etwa als → *Kapitalschutzzertifikate*) bis risikoreichen Produkten wie → *Hebelzertifikate*.

Zielfonds

Als Zielfonds werden → *Investmentfonds* bezeichnet, wenn ihre Anteile von anderen Investmentfonds, zumeist → *Dachfonds*, erworben werden.

Zins

Preis, den ein Schuldner für die befristete Überlassung von → *Geld* zahlen muss und den ein Gläubiger für die Überlassung von Kapital erhält.

Zinsaufwendungen

Aufwendungen eines Unternehmens für → *Fremdkapital* wie Darlehen und Bankkredite.

Zinserträge

Zinseinnahmen einer Bank. Darin enthalten sind etwa Zinserträge aus Kredit- und Geldmarktgeschäften sowie festverzinslichen → *Wertpapieren*.

Zinseszinseffekt

Der Zinseszins ist der Zinsanteil, der auf die Verzinsung nicht des eingesetzten Kapitals, sondern auf gut geschriebene, aber nicht ausgezahlte Zinsen entfällt. Der Zinseszinseffekt sorgt dafür, dass das verzinste Kapital im Zeitverlauf wächst und das eingesetzte Kapital einen deutlich höheren Ertrag erzielt als bei Ausschüttung. Er kompensiert damit die höheren Risiken durch die Überlassung des erzielten Zinsertrags. Mathematisch gilt, dass eine ausschüttende Anlage über n Jahre und einem Zins von i einen Ertrag von $(1+n*i)-1$ bringt, eine thesaurierende Anlage von $((1+i)^{n})-1$.

Zinsniveau

Der → *Zins* für Leihkapital (Kredite) wird durch geldpolitische Maßnahmen der → *Zentralbank* und durch die aktuelle Wirtschaftslage beeinflusst. Im Rahmen eines so gebildeten Zinsniveaus richtet sich die Höhe des Zinses einer Geldanlage nach Laufzeit und Risiko, das der Geldgeber eingeht. Ändert sich das Zinsniveau, so passen sich die Effektivzinssätze an.

Zinssatz
Spezifizierung des Begriffs Zins für eine bestimmte verzinsliche Anlage.

Zinsstrukturkurve
Die Höhe des → *Zinses* richtet sich auch nach der → *Laufzeit* einer → *Verbindlichkeit*. Die Zinsstrukturkurve stellt die Verteilung der Zinssätze für alle Laufzeiten von kurz- nach langfristig dar.

Zinstermin
→ *Zinsen* für festverzinsliche → *Wertpapiere* werden zu bestimmten Daten, den Zinsterminen, gezahlt. Zinsen auf → *Anleihen* werden i. d. R. jährlich, seltener viertel- oder halbjährlich gezahlt.

Zinsüberschuss
Differenz von Zinserträgen und → *Zinsaufwendungen* einer Bank.

Zuteilung
Die im Zuge der Ausgabe neuer → *Wertpapiere* infolge → *Überzeichnung* der → *Emission* vorgenommene Aufteilung der Wertpapiere auf die verschiedensten Kaufinteressenten.

Zwangsregulierung
Auch als Zwangseindeckung bezeichnet, die zwangsweise vorgenommene Ausführung einer Börsentransaktion

gegen einen Händler, wenn dieser nicht oder nicht fristgerecht liefert.

Zwischengewinn
Im Preis eines Fondsanteils enthaltener Ertragsanteil aus → *Zinsen* und Zinsansprüchen. Mit dem Investmentsteuergesetz wurde die Steuerpflicht für den Zwischengewinn im Jahr 2018 abgeschafft und durch die Vorabpauschale ersetzt.

Zyklischer Wert
→ *Aktie* eines konjunkturabhängigen Unternehmens. Der Kurs wird zu einem wesentlichen Teil vom Konjunkturzyklus beeinflusst. Typische zyklische Werte sind etwa Autoaktien.

Zyklus
Regelmäßig wiederkehrende Schwankungen nach oben und unten, etwa im Konjunkturverlauf.